좋다!! 한국어

차 례

과	주제	문법	말하기	쓰기
1과	새 학기	1. V-은/ㄴ 지(가) 오래되었다 [얼마 안 되었다] 2. N에 관해(서) N에 관한 N 3. A/V-고요 N(이)고요	대학 전공	이번 학기 다짐
2과	동호회	1. A/V-기는 하지만 [했지만, 하겠지만] 2. 누구나, 어디나, 언제나, 무엇이나, 어느 것이나 3. A/V-은/ㄴ, 는, 을/ㄹ 줄 몰랐다 [알았다] 　　N인 줄 몰랐다 [알았다]	취미 활동	동호회 만들기
3과	날씨와 생활	1. 간접 화법① (평서형 축약) 2. 간접 화법② (청유형) 3. N에 따르면	일기예보	날씨와 생활
4과	광고	1. 얼마나 A-은/ㄴ지, V-는지 몰라요 2. V-을/ㄹ 정도이다 V-을/ㄹ 정도로 3. V-아/어 놓다	생활 속 광고	광고 만들기
5과	건강	1. 간접화법③ (의문형) 2. 간접화법④ (명령형) 3. V-기 위해(서) N을/를 위해(서)	건강 유지 비결	건강한 생활
6과	언어와 글자	1. A/V-을/ㄹ 뿐(만) 아니라 N뿐(만) 아니라 2. A-은/ㄴ가 보다 V-나 보다 N인가 보다 3. A/V-잖아요 N(이)잖아요	한국어와 언어 학습	각 나라 언어와 글자 비교
7과	실수	1. N만큼 2. V-을/ㄹ 뻔하다 3. A/V-거든요 N(이)거든요	실수에 대한 생각	한국에서 실수한 경험
8과	습관	1. N대로 2. V-는 중이다 N 중이다 3. A-다고 하던데(요) V-는/ㄴ다고 하던데(요) 　　N(이)라고 하던데(요)	습관과 버릇	고치고 싶은 습관

과	주제	문법	말하기	쓰기
9과	여행	1. N에 포함되다 2. V-을/ㄹ까 하다 3. A-은/ㄴ 만큼 　V-은/ㄴ만큼, V-는 만큼, V-을/ㄹ 만큼	여행	자유여행과 패키지여행
10과	직장	1. A/V-아/어야 할 텐데 2. N에 맞게 3. N에 비해(서)	직장 생활	내가 다니고 싶은 직장
11과	쇼핑	1. V-이/히/리/기- 　(피동사) 2. A/V-아/어야 A/V 3. A/V-을/ㄹ 때마다	물건 구매	시장, 인터넷 쇼핑의 장 · 단점
12과	고장, 수리	1. V-는 바람에 2. V-아/어 있다 3. V-았/었다가	고장과 수리	고장 난 물건
13과	전래동화	1. V-던 N 2. V-고 말다 3. A-은/ㄴ 척하다　V-은/ㄴ, 는 척하다 　N인 척하다	선녀와 나무꾼	각 나라의 전래동화
14과	요리	1. V-았/었던 N 2. V-는 법을 알다 [모르다] 3. V-아/어 보니(까)	한국 음식, 고향 음식	음식 만들기
15과	집구하기	1. V-도록　V-지 않도록 2. V-는 게 낫다 3. A/V-기만 하면 되다	집을 구할 때 조건	기숙사, 원룸의 장 · 단점
16과	고민	1. 아무리 A/V-아/어도 2. V-을/ㄹ 수 있을지 걱정이다 3. V-지 그래요?	친구들의 고민	고민과 해결

과	주제	문법	말하기	쓰기
17과	속담	1. V-느라(고) 2. V-고 나서 3. N(이)라도	속담, 관용 표현으로 대화 만들기	각 나라의 속담과 관용 표현
18과	가족	1. A-은/ㄴ 편이다　V-는 편이다 2. A/V-(으)면 A/V-을/ㄹ수록 3. A-아/어하다	우리 가족	미래 나의 가족
19과	견학	1. N에 따라서 2. V-고 보니(까) 3. A/V-을/ㄹ 수도 있다	견학	견학 보고서
20과	후회	1. V-자 V 2. V-을/ㄹ까 말까 하다 [망설이다, 생각 중이다] 3. A/V-았/었어야 했는데…	후회하는 일에 관한 대화 만들기	내가 가장 후회하는 일
21과	기념일	1. N껏 2. 아무도　아무N도 3. A-은/ㄴ지 안 A-은/ㄴ지 　V-는지 안[못] V-는지 　N인지 아닌지	고향의 기념일	각 나라의 명절
22과	결혼	1. A-은/ㄴ데도 (불구하고)　V-는데도 (불구하고) 　N인데도 (불구하고) 2. V-기를 바라다 3. 아무나　아무N(이)나	각 나라의 결혼식 비교	고향의 결혼 문화
23과	명소	1. V-을/ㄹ 만하다 2. A/V-던데요　N(이)던데요 3. V-는 길에	고향의 명소	자랑하고 싶은 명소 소개하기

과	주제	문법	말하기	쓰기
24과	정보화 사회	1. N을/를 통해(서) 2. N이/가 넘도록 3. A/V-을/ㄹ 뿐(이다)　　N일 뿐(이다)	스마트 폰 사용에 대한 생각	인터넷과 정보화 사회
25과	교육	1. V-이/히/리/기/우- 　　(사동사) 2. A-은/ㄴ 모양이다 　　V-은/ㄴ, 는, 을/ㄹ 모양이다 　　N인 모양이다	고향의 교육 방법	조기 교육의 장·단점
26과	선입견	1. V-게 하다 2. A/V-더니 3. A/V-(으)며　　N(이)며	선입견, 고정관념	한국에 대한 선입견
27과	사건, 사고	1. V-은/ㄴ 대로,　V-는 대로 2. N(으)로 인해(서) 3. A/V-(으)므로　　N이므로	인터넷, 신문 기사	사건과 사고
28과	꿈	1. 만약[만일](에) A-다면, V-는/ㄴ다면, 　　N(이)라면 2. V-(으)려면 멀었다 3. N 만에	가정하기	꿈에 대한 이야기

1

LESSON

성실한 학생이 되기로 다짐했어요

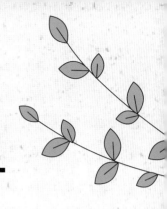

학습 목표 새 학기 계획 세우기

문법과 표현
1. V-은/ㄴ 지(가) 오래되었다 [얼마 안 되었다]
2. N에 관해(서)   N에 관한 N
3. A/V-고요   N(이)고요

새 학기에 어떤 계획을 세웠습니까?

방학 때 계획한 일을 잘 지켰습니까?

9

본문

왕　밍: 안녕하세요. 라이언 씨! 오랜만이에요. 방학 동안 잘 지냈어요?
어! 오늘은 지각하지 않고 일찍 왔네요.

라이언: 네. 왕밍 씨, 반가워요. 오늘 개강하는 날인데 지각하면 안 되죠. 그리고 이번 학기부터는 결석도 안 하고 선생님께서 출석을 부르기 전에 일찍 오기로 다짐했어요.

왕　밍: 잘 생각했어요. 그런데 새 학기라서 모르는 학생들과 이야기하기가 좀 어색해요.

라이언: 걱정하지 마세요. 모르는 학생들과도 금방 친해질 거예요.
참! 왕밍 씨는 방학 동안 뭐 했어요?

왕　밍: 저는 한국에 온 지 오래됐는데 아직까지 한 번도 여행을 못 했어요. 그래서 이번 방학 때 친구들과 부산에 갔다 왔어요.

라이언: 우와! 정말 좋았겠네요. 힘들지 않았어요?

왕　밍: 하루 종일 걸어서 다리도 붓고 많이 힘들었지만 바다도 보고 정말 재미있었어요.
맛있는 음식도 많이 먹었고요. 라이언 씨는 방학 때 어떻게 지냈어요?

라이언: 저는 내년에 대학교에 입학하려고 한국어 공부도 열심히 하고 한국 친구랑 만나서 이야기도 하고 재밌게 잘 지냈어요.

왕　밍: 저도 이번 학기에는 성실한 학생이 되기로 다짐했어요. 저는 지난 학기 때 시험 점수가 좀 안 좋았는데 이번 학기는 열심히 공부해서 꼭 4급으로 진급할 거예요.
라이언 씨는 대학교에 입학한 후에 뭘 전공하고 싶어요?

라이언: 저는 여행을 좋아하고 여행에 관해서 관심도 많아요. 그래서 대학교에서 관광학을 전공하려고 해요. 졸업한 후에 관광 안내원이 되고 싶어요.

 확인해 보세요.

1. 왕밍 씨는 방학 동안 어떻게 지냈습니까?
2. 라이언 씨는 무엇을 전공하려고 합니까?

어휘와 표현

개강하다	지각(하다)	출석(하다)	결석(하다)	다짐하다
어색하다	붓다	입학(하다)	졸업(하다)	성실하다
점수	진급/유급	전공	관심	

어휘 확장

전공

국어국문학	영어영문학	경제학 / 경영학	무역학
체육학	디자인학	건축학	컴퓨터공학
관광학	외식조리학	역사학	국제관계학

 문법

1 V-은/ㄴ 지(가) 오래되었다
V-은/ㄴ 지(가) 얼마 안 되었다

◎ 한국어를 공부한 지 오래되었지만 한국어를 잘 못해요.

◎ 이 책을 읽은 지 오래되어서 내용이 생각 안 나요.

◎ 이 빵은 만든 지 얼마 안 되어서 아직 따뜻해요.

◎ 여자 친구를 사귄 지 얼마 안 됐어요.

1) 어떤 일을 한 지 오래됐습니까?

2) 어떤 일을 한 지 얼마 안 되었습니까?

2 N에 관해(서)   N에 관한 N

◎ 지금부터 한국 전통 문화에 관해서 발표하겠습니다.

◎ 대학교 입학에 관해 교수님과 이야기했어요.

◎ 한국 가수에 관한 뉴스를 보고 있습니다.

1) 친구들을 만나면 무엇에 관한 이야기를 많이 합니까?

2) 한국에서 살면서 무엇에 관해서 알고 싶습니까?

3 A/V-고요   N(이)고요

◎ 이것은 제 펜인데 참 좋아요. 값도 싸고요.

◎ 현수 씨는 아주 성실해요. 공부도 열심히 하고요.

◎ 이번 시간은 말하기예요. 다음 시간은 문법 수업이고요.

1) 옆에 있는 친구는 성격이 어떻습니까?

2) 여러분이 가지고 있는 물건을 설명해 보십시오.

 말하기

 친구와 이야기해 보세요.

말하기 1

❶ 방학동안 어떻게 지냈습니까?

❷ 언제 대학교에 입학할 예정입니까?

❸ 대학교에서 무엇을 전공할 계획입니까?

말하기 2

❶ 이번 학기에 무슨 계획이 있습니까?

❷ 그 계획을 지키기 위해 어떤 노력을 하겠습니까? (방법을 자세히 말해주세요.)

❸ 계획을 지키기 힘들 때는 어떻게 하겠습니까?

쓰기

 다음 주제에 대해 간단하게 써 보세요.

주제	나의 다짐(결심)
처음	이번 학기에 어떤 다짐을 하였습니까?
중간	어떤 계획을 세웠습니까? 그 계획을 실천하려면 어떤 방법이 있습니까?
끝	이번 학기에 어떤 목표를 이루고 싶습니까?

15

2

LESSON

취미가 십자수인 줄 몰랐어요

학습 목표 동호회에 대해 알아보기

문법과 표현
1. A/V-기는 하지만 [했지만, 하겠지만]
2. 누구나 [어디나, 언제나, 무엇이나, 어느 것이나] (다)
3. A/V-은/ㄴ, 는, 을/ㄹ 줄 몰랐다 [알았다]
   N인 줄 몰랐다 [알았다]

여러분의 취미는 무엇입니까?

동호회와 동아리에 대해서 알고 있습니까?

본문

율리아 : 와! 이 손수건에 있는 그림이 정말 예쁘네요.

정 우 : 그럼 율리아 씨도 한 개 만들어 드릴까요?

율리아 : 어머! 이거 정우 씨가 직접 만든 거예요?

정 우 : 네, 아직 서투르기는 하지만 십자수를 시작한 지 1년 쯤 됐어요.

율리아 : 정우 씨 취미가 십자수인 줄 몰랐어요.

정 우 : 그래요? 율리아 씨도 한번 배워 보세요. 재미있어요.

율리아 : 어려워 보이는데 정말 대단하네요!

정 우 : 저도 처음에는 어려운 줄 알았는데 생각보다 간단해요.
5분만 배우면 누구나 할 수 있어요.

율리아 : 글쎄요. 십자수도 좋기는 하지만 저는 스키나 골프 같은 좀 더 활동적
인 취미를 하고 싶어요.

정 우 : 참 좋은 생각이네요. 율리아 씨하고도 잘 어울리고요.

율리아 : 그런데 스키나 골프를 할 때 필요한 장비가 아주 비싸다고 들었어요.

정 우 : 그럼 인터넷 동호회에 한번 가입해 보세요. 장비나 여러 활동에 관해
서 많은 정보를 얻을 수 있을 거예요. 제가 요즘은 바빠서 동호회를
탈퇴했지만 저도 십자수 동호회에 가입한 적이 있어요. 여러 가지 정
보도 얻고 좋은 친구들도 많이 사귈 수 있었어요.

율리아 : 그렇군요. 저도 빨리 인터넷을 찾아 봐야겠어요.

 확인해 보세요.

Lesson 2
취미가 십자수인 줄 몰랐어요

1. 정우 씨 취미는 무엇입니까? 취미를 한 지 얼마나 되었습니까?
2. 율리아 씨는 어떤 취미를 가지고 싶습니까?

18

어휘와 표현

십자수	서투르다	대단하다	간단하다	활동적
장비	동호회	정보	얻다	가입하다
탈퇴하다				

어휘 확장

취미 활동

동아리	회원	모임	인터넷 카페

 문법

1 A/V-기는 하지만 [했지만, 하겠지만]

◎ 이 사전이 조금 비싸기는 하지만 단어가 많아서 좋아요.

◎ 그 사람을 매일 만나기는 하지만 이름은 몰라요.

◎ 어제 본 그 옷이 마음에 들기는 했지만 너무 비싸서 못 샀어요.

◎ 내일 민수 씨 생일 파티에 가기는 하겠지만 조금 늦게 갈 거예요.

1) 좋아하기는 하지만 지금 할 수 없는 일이 있습니까?

2) 먹기는 하지만 별로 좋아하지 않는 음식이 있습니까?

2 누구나 [어디나, 언제나, 무엇이나, 어느 것이나] (다)

◎ 우리 학교 학생이면 누구나 도서관을 이용할 수 있어요.

◎ 출근 시간에는 어디나 다 길이 막혀요.

◎ 명동은 언제나 사람이 많아요.

◎ 엄마가 만들어 주신 음식은 무엇이나 다 맛있어요.

◎ 선물은 어느 것이나 다 좋아요.

1) 여러분 고향 음식 중에서 누구나 다 좋아하는 음식은 무엇입니까?

2) 무엇이나 살 수 있는 카드가 있으면 무엇을 사고 싶습니까?

3 A-은/ㄴ, 을/ㄹ 줄 몰랐다 [알았다]
V-은/ㄴ, 는, 을/ㄹ 줄 몰랐다 [알았다]
N인 줄 몰랐다 [알았다]

◎ 정우 씨 여자 친구가 이렇게 예쁜 줄 몰랐어요.

◎ 처음에 3급 공부가 쉬울 줄 알았어요. 그런데 너무 어려워요.

◎ 저는 호앙 씨가 이미 밥을 먹은 줄 알았어요.

◎ 어! 지금 비가 와요? 도서관에 있어서 비가 오는 줄 몰랐어요.

◎ 투안 씨가 경영학과에 갈 줄 몰랐어요.

◎ 선생님, 오늘 숙제가 있어요? 오늘 숙제가 있는 줄 몰랐어요.

◎ 죄송해요. 저는 준코 씨가 중국 사람인 줄 알았어요.

연습

1) 한국에 오기 전에 한국에 대해 어떻게 생각했습니까?

2) 우리 반 친구에 대해 처음 생각과 다른 것이 있습니까?

말하기

친구와 이야기해 보세요.

 말하기 1

❶ 좋아하는 취미 활동이 있습니까?

❷ 고향에서 시간이 있을 때 어떤 여가 활동을 했습니까?

❸ 한국에서 배우고 싶은 취미는 무엇입니까? (이유는 무엇입니까?)

 **말하기 2**

❶ 여러분은 무슨 동호회에 가입하고 싶습니까?

❷ 그 동호회에서 누구와 어떤 활동을 하고 싶습니까?

❸ 동호회에 가입하면 무엇이 좋습니까?

 쓰기

 다음 주제에 대해 간단하게 써 보세요.

주제	내가 만들고 싶은 동호회
처음	이 동호회는 어떤 동호회입니까?
중간	이 동호회는 어떤 활동을 합니까? (모임 시간, 참가비 등)
끝	이 동호회의 좋은 점은 무엇입니까?

23

3

LESSON

이번 주에 계속 비가 온대요

학습 목표 날씨와 생활에 대해 이야기하기

문법과 표현
1. 간접 화법① (평서형 축약)
2. 간접 화법② (청유형)
3. N에 따르면

여러분 고향은 몇 개의 계절이 있습니까?

한국의 사계절 날씨는 어떻습니까?

본문

엥 크: 왕밍 씨, 요즘 날씨가 많이 덥죠? 저는 어젯밤에도 너무 더워서 잠을 설쳤어요.

왕 밍: 한국에 오기 전에 한국의 여름이 덥다고 들었는데, 올해 여름은 정말 덥네요.

엥 크: 오늘 아침에 일기예보를 보니까 이번 주에 계속 비가 온대요.

왕 밍: 그래요? 내일 바다에 가려고 했는데 못 가겠네요.

엥 크: 일기예보에 따르면 주말부터 비가 그친대요.

왕 밍: 그럼, 주말에 가야겠어요. 엥크 씨도 시간 있으면 같이 갈래요?

엥 크: 아! 저는 못 갈 것 같아요. 라이언 씨가 주말에 축구하자고 했어요.

왕 밍: 날씨도 더운데 엥크 씨가 라이언 씨에게 축구하지 말자고 말해 보세요. 그리고 우리 다 같이 바다에 놀러 가요.

엥 크: 네. 좋아요. 재미있겠네요. 라이언 씨에게 한번 물어 볼게요.

왕 밍: 그런데 엥크 씨 고향은 요즘 날씨가 어때요? 한국처럼 더워요?

엥 크: 한국처럼 무덥지는 않지만 매우 건조해요. 아마 비가 자주 오지 않아서 그런 것 같아요. 왕밍 씨 고향의 여름 날씨는 어때요?

왕 밍: 우리 고향은 장마 기간에 비가 며칠 동안 계속 와요. 비가 오면 덥고 습해서 참기 힘들어요. 매년 태풍 때문에 많은 피해를 입기도 하고요.

엥 크: 아, 그렇군요. 그럼 겨울 날씨는 어때요? 많이 추워요?

왕 밍: 네, 보통 12월부터 1월까지는 기온이 영하로 내려가요. 그리고 가끔 폭설이 내리기도 해요.

확인해 보세요.

1. 왕밍 씨는 왜 내일 바다에 안 가고 주말에 갑니까?
2. 엥크 씨 고향의 여름 날씨는 어떻습니까?

어휘와 표현

(잠을) 설치다	비가 그치다	무덥다	건조하다	습하다
참다	장마 기간	태풍	피해를 입다	기온
영하	내려가다	폭설이 내리다		

어휘 확장

일기예보	소나기	천둥 치다	번개 치다

문법

① A-대요   V-는/ㄴ대요   N(이)래요

◎ 선생님! 지금 준코 씨가 많이 아프대요.

◎ 호앙 씨는 주말마다 친구들과 축구를 한대요.

◎ 지영 씨, 지금 친구들이 피자를 먹는대요. 우리도 갑시다.

◎ 오늘 우리 반 모임 장소가 정문 앞 식당이래요.

1) 친구에게 무슨 메시지가 왔습니까?

2) 옆에 친구가 무슨 음식을 좋아합니까?
   (들은 내용을 다른 친구에게 이야기해 주세요.)

② V-자고 하다   V-재요

V-지 말자고 하다   V-지 말재요

◎ 준코 씨가 이번 방학 때 같이 여행 가자고 했어요.

◎ 율리아 씨가 오늘 저녁에 같이 저녁 먹재요.

◎ 형이 오늘은 추우니까 운동하지 말자고 했어요.

◎ 친구가 내일은 시험이 있으니까 오늘은 게임 하지 말재요.

1) 친구가 무엇을 하자고 했습니까?

2) 친구가 무엇을 하지 말자고 했습니까?

③ N에 따르면

◎ 일기예보에 따르면 이번 주부터 장마가 시작된다고 했어요.

◎ 뉴스에 따르면 올해 여름은 아주 덥다고 합니다.

◎ 선생님 말씀에 따르면 이 책이 재미있대요.

연습

1) 인터넷 기사에서 무엇을 봤습니까?

2) 사무실 앞 안내문에 어떤 내용이 있습니까?

말하기

 친구와 이야기해 보세요.

📢 말하기 1

❶ 한국은 사계절이 있습니다. 계절마다 날씨가 어떻습니까?

---

❷ 여러분은 어떤 계절을 좋아합니까? 왜 그 계절을 좋아합니까?

---

❸ 일기예보를 보고 이번 주 서울, 부산, 제주도의 날씨를 소개해 주십시오.

📢 말하기 2

❶ 여러분 고향은 몇 개의 계절이 있습니까? 계절마다 날씨가 어떻습니까?

---

❷ 고향에서 계절마다 많이 먹는 음식이 있습니까? 왜 그 음식을 먹습니까?

---

❸ 고향에서 사람들이 계절마다 무엇을 하면서 지냅니까?

쓰기

 다음 주제에 대해 간단하게 써 보세요.

주제	날씨와 생활
처음	여러분 고향은 몇 개의 계절이 있습니까?
중간	각 계절마다 날씨, 사람들의 생활, 음식을 소개해 주십시오.
끝	여러분은 어떤 계절을 좋아합니까? (이유는 무엇입니까?)

4
LESSON

얼마나 맛있어 보이는지 몰라요

학습 목표 광고 이해하기

문법과 표현
1. 얼마나 A-은/ㄴ지,   V-는지 몰라요
2. V-을/ㄹ 정도이다   V-을/ㄹ 정도로
3. V-아/어 놓다

여러분 나라에는 어떤 물건의 광고를 많이 합니까?

광고를 보고 산 물건이 있습니까?

본문

율리아: 호앙 씨, 이 광고지 보셨어요? 피자가 얼마나 맛있어 보이는지 몰라요. 보기만 해도 군침이 돌 정도로 맛있어 보여요.

호 앙: 와! 정말 맛있어 보이네요.

율리아: 오늘 수업이 끝나면 같이 시켜 먹어요. 호앙 씨랑 같이 먹고 싶어서 이 광고지를 가지고 왔어요.

호 앙: 아! 그런데 이 피자가게는 제가 지난번에 한 번 시켜 먹은 곳이네요. 그때 배달 온 피자가 사진과 많이 달라서 실망했어요. 생각보다 양도 좀 부족했어요.

율리아: 그래요? 사진으로 보기에는 정말 맛있어 보이는데……. 사진과 많이 달랐어요?

호 앙: 네. 들어간 재료가 많이 달랐어요.

율리아: 그래도 한 판 가격에 두 판을 주니까 여러 사람이 먹기에 충분할 것 같아요.

호 앙: 아니에요. 생각보다 크기가 작아서 두세 사람이 먹을 정도예요.

율리아: 그렇게 작아요? 광고 사진이랑 다른 점이 너무 많네요. 이렇게 싼 가격에 맛있는 피자를 두 판이나 준다고 해서 조금 이상했어요. 조금 귀찮아도 집에서 직접 만들어 먹는 것이 더 좋겠어요.

호 앙: 당연하지요. 어제 제가 음식 재료들을 사 놓았는데 우리 집에 같이 가서 직접 만들어 먹을래요?

율리아: 정말요? 좋아요. 수업 끝나고 같이 가요.

 확인해 보세요.

1. 호앙 씨가 지난번에 피자를 시켜 먹고 왜 실망했습니까?
2. 두 사람은 수업이 끝나고 어떻게 하기로 했습니까?

어휘와 표현

광고지	군침이 돌다	(배달) 시키다	실망하다	들어가다
재료	크기	충분하다	부족하다	귀찮다

어휘 확장

소비자	판매자	전단지	광고 모델

 문법

1 얼마나 A-은/ㄴ지 몰라요　　얼마나 V-는지 몰라요

◎ 아기가 웃는 모습이 얼마나 예쁜지 몰라요.

◎ 우리 집 강아지가 얼마나 귀여운지 몰라요.

◎ 내 동생은 음식을 얼마나 많이 먹는지 몰라요.

◎ 제 친구는 한국 노래를 얼마나 잘하는지 몰라요.

1) 우리 반 친구 ○○ 씨는 어떻습니까?

2) 여러분 고향은 어떻습니까? (날씨, 음식, 유명한 장소…)

2 V-을/ㄹ 정도이다

V-을/ㄹ 정도로 + S

◎ 비가 너무 많이 와서 학교에 못 갈 정도예요.

◎ 치킨을 아주 좋아해서 매일 치킨만 먹을 정도예요.

◎ 그 드라마 내용은 눈물이 날 정도로 너무 슬펐어요.

◎ 제 친구는 한국 사람이 놀랄 정도로 한국어를 잘해요.

1) 어떤 일(음식, 노래, 영화)를 어느 정도로 좋아합니까?

2) 병원에 입원할 정도로 아픈 적이 있었습니까? 어디가 아팠습니까?

참고　아프다, 힘들다, 무섭다, 부럽다, 피곤하다, 우울하다 등..
감정을 나타내는 형용사는 사용할 수 있습니다.

예 너무 웃어서 배가 아플 정도예요.
눈을 뜨기 힘들 정도로 졸려요.

③ V-아/어 놓다

◎ 어머니 생일 선물을 사 놓을 거예요.

◎ 발표할 내용을 어제 저녁에 써 놓았어요.

◎ 방학 때 고향에 갈 비행기 표를 미리 예매해 놓으세요.

연습

1) 여행을 가기 전에 무엇을 준비해 놓아야 합니까?

2) 오늘 여러분 집에서 파티가 있습니다. 여러분은 무엇을 해 놓았습니까?

말하기

 친구와 이야기해 보세요.

말하기 1

❶ 어디에서 광고를 자주 봅니까?

_____

❷ 무슨 광고를 보고 물건을 사 봤습니까?

_____

❸ 광고를 보고 샀는데 그 제품을 사용한 후에 광고와 다른 점이 있었습니까?

_____

말하기 2

❶ 어떤 제품의 광고를 만들고 싶습니까?

_____

❷ 이 광고에 누가 나오면 좋겠습니까? (우리 반 친구들 중에서..)

_____

❸ 이 제품은 어떤 소비자들에게 필요한 것입니까?

_____

 쓰기

 다음 주제에 대해 간단하게 써 보세요.

주제	광고와 모델
처음	어떤 제품의 광고를 만들고 싶습니까?
중간	우리 반 친구 중에서 누가 어떤 광고에 잘 어울릴 것 같습니까?
끝	이 제품은 어떤 소비자들이 사면 좋겠습니까?

5

LESSON

건강을 위해서
요가를 하고 있어요

학습 목표   건강 유지 방법 알아보기

문법과 표현   1. 간접화법③ (의문형)
                      2. 간접화법④ (명령형)
                      3. V-기 위해(서)   N을/를 위해(서)

여러분은 건강하려고 어떤 운동을 하고 있습니까?

고향 음식 중에서 건강에 좋은 음식은 무엇이 있습니까?

본문

> 지　영: 왕밍 씨, 오늘 안색이 왜 이렇게 안 좋아요?
>
> 왕　밍: 제 안색이 많이 안 좋아 보여요? 다른 친구들도 저만 보면 어디 아프냐고 물었어요.
>
> 지　영: 좀 피곤해 보여요. 요즘 무슨 일 있어요?
>
> 왕　밍: 사실은 요즘 제가 시험 때문에 걱정이 많아서 밤에 잠을 잘 못자요. 매일 밤늦게 자니까 다음 날 머리도 아프고 피로가 쌓여서 건강이 나빠졌어요.
>
> 지　영: 그러면 건강을 위해서 요가를 한번 해 보세요. 저도 얼마 전부터 요가를 시작했는데, 몸도 많이 유연해졌고 건강이 많이 좋아졌어요. 머리도 맑아지고 잠도 잘 자요.
>
> 왕　밍: 그래요? 그런데 저는 요가를 한 번도 배워본 적이 없어요.
>
> 지　영: 신문을 보니까 요가가 건강에 좋대요.
>
> 왕　밍: 제 친구 율리아 씨도 저에게 요가학원에 가 보라고 했는데 제가 요즘 일이 많아서 운동할 시간이 없어요.
>
> 지　영: 운동도 안 하고 이렇게 무리하면 큰일 나요. 제가 가지고 있는 요가 DVD를 빌려 줄게요. 바쁘지만 시간을 내서 요가를 해 보세요. DVD를 보면서 쉬운 동작부터 따라하면 그렇게 어렵지 않을 거예요.
>
> 왕　밍: 고마워요. 그런데 지영 씨는 아침을 먹고 학교에 와요? 저는 집이 멀어서 아침을 거의 못 먹어요.
>
> 지　영: 저도 예전에는 아침을 자주 안 먹었는데, 의사 선생님께서 불규칙적으로 식사를 하면 건강에 안 좋으니까 아침을 꼭 먹으래요. 그래서 저는 아침에 우유나 과일을 먹어요.
>
> 왕　밍: 그럼, 저도 내일부터 아침도 먹고 요가도 한번 해 봐야겠어요.

 확인해 보세요.

1. 왕밍 씨는 요즘 왜 건강이 좋지 않습니까?
2. 지영 씨가 왕밍 씨에게 무엇을 하라고 했습니까?

어휘와 표현

안색	피로가 쌓이다	유연하다	(머리가) 맑다	무리하다
시간을 내다	동작	따라하다	불규칙	예전

어휘 확장

건강 / 운동

몸살이 나다	스트레스를 풀다	피로를 풀다	피로가 풀리다
건강을 지키다	건강을 해치다	체력이 약하다	땀을 흘리다

 **문법**

① A/V-냐고 하다[묻다]　　　A/V-내요

　　N(이)냐고 하다[묻다]　　　N(이)내요

◎ 고향 친구가 저에게 한국에서 잘 지내냐고 물었어요.

◎ 라이언 씨가 정우 씨에게 지금 교실에 있냐고 했어요.

◎ 선생님께서 호앙 씨 사진을 보고 제 남자 친구냐고 물으셨어요.

◎ 친구가 전화했는데 저에게 지금 뭐 먹내요.

1) 옆에 친구가 여러분에게 뭐라고 물었습니까?

2) 부모님께서 전화할 때 여러분에게 무엇을 물어 보십니까?

 **참고**　의문형 간접화법은 이렇게도 쓸 수 있습니다.

◎ A-(으)냐고 하다 [묻다]

◎ V-느냐고 하다 [묻다]

2 V-(으)라고 하다   V-(으)래요
V-지 말라고 하다   V-지 말래요

◎ 선생님께서 책을 많이 읽으라고 하셨어요.

◎ 친구가 나에게 수업 시간에 열심히 공부하래요.

◎ 어머니께서 밤에 늦게까지 친구들과 놀지 말래요.

◎ 선생님께서 학생들에게 고향 말을 하지 말라고 하셨어요.

1) 사무실 선생님께서 무엇을 하라고 하십니까?

2) 선생님께서 수업 시간에 무엇을 하지 말라고 하십니까?

3 V-기 위해(서)   N을/를 위해(서)

◎ 한국어 말하기를 더 잘하기 위해서 매일 연습하고 있어요.

◎ 감기에 걸리지 않기 위해서 매일 따뜻한 물을 마셔요.

◎ 부모님은 우리를 위해서 힘들어도 열심히 일하십니다.

1) 여러분은 왜 공부를 합니까? (누구를 위해서, 무엇을 위해서)

2) 건강하고 오래 살기 위해서 무엇을 해야 합니까?

말하기

 친구와 이야기해 보세요.

📢 말하기 1

❶ 한국에 와서 여러분의 생활이 어떻게 바뀌었습니까? (건강도 달라졌습니까?)

❷ 고향 음식 중에 건강에 좋은 음식, 나쁜 음식은 어떤 것이 있습니까?

❸ 학생들(노인들)은 어떤 운동을 하면 건강에 도움이 됩니까?

📢 말하기 2

❶ 왜 건강이 중요하다고 생각합니까?

❷ 건강을 해치는 것에는 어떤 것이 있습니까? (음식, 생활..)

❸ 여러분이 알고 있는 건강에 좋은 방법은 무엇입니까?

 쓰기

 다음 주제에 대해 간단하게 써 보세요.

주제	건강한 생활
처음	왜 건강이 중요합니까?
중간	건강에 좋은 것과 나쁜 것은 무엇입니까? (음식, 운동, 생활)
끝	앞으로 나는 어떤 방법으로 건강을 지키겠습니까?

6

LESSON

한글은 쉬울 뿐만 아니라 과학적인 글자예요

한글과 각 나라 글자 비교하기

문법과 표현
1. A/V-을/ㄹ 뿐(만) 아니라　　　　N뿐(만) 아니라
2. A-은/ㄴ가 보다　　V-나 보다　　N인가 보다
3. A/V-잖아요　　N(이)잖아요

한글은 누가 만들었습니까?

한글은 어떤 것이 배우기가 쉽고, 어떤 것이 어렵습니까?

본문

라이언: 지영 씨, 제 티셔츠 좀 보세요.

지 영: 와, 티셔츠 멋있네요. 어! 옷에 한글도 있어요. 지난주에 남대문 시장에 가서 샀어요?

라이언: 아니요. 이 티셔츠는 제가 캐나다에 있을 때 샀어요. 그냥 모양이 예뻐서 샀는데 그때는 한글을 몰라서 이 옷의 글자를 읽을 수 없었어요. 한글을 어떻게 읽는지 너무 궁금해서 한국 친구들에게 물어 봤어요.

지 영: 지금은 이 옷의 글자를 읽을 수 있어요?

라이언: 당연하지요. 저도 한국어를 배운 지 6개월이 넘었는데 이 글자는 너무 쉽죠.

지 영: 라이언 씨, 한국어는 무엇이 가장 어려워요?

라이언: 문장을 읽을 때 글자와 발음이 다를 때가 있어서 그런 것이 좀 어려워요.

지 영: 그렇군요. 그럼, 라이언 씨는 한글을 누가 만들었는지 알아요?

라이언: 아! 지난 주 수업시간에 선생님께 배웠어요. 세종대왕 맞죠? 한글은 배우기 쉬울 뿐만 아니라 정말 과학적인 글자예요.

지 영: 와! 한글에 대해 한국인보다 더 많이 알고 있네요. 라이언 씨는 한글에 관심이 많은가 봐요.

라이언: 네. 세종대왕은 정말 대단하신 분인 것 같아요. 어떻게 이런 글자를 만들었을까요? 그런데 요즘 한국 사람들은 세종대왕이나 한글에 관해서 관심이 적은 것 같아요.

지 영: 라이언 씨, 왜 그렇게 생각했어요?

라이언: 요즘 한국에는 영어로 된 단어가 너무 많고 한국 사람들도 영어를 많이 사용하잖아요.

지 영: 아니에요. 한국 사람들은 세종대왕을 존경하고 자주 봐요.

라이언: 네? 어떻게 세종대왕을 자주 볼 수 있어요?

지 영: 하하. 만 원짜리 지폐에 있는 분이 바로 세종대왕이잖아요.

 확인해 보세요.

1. 라이언 씨는 한국어를 배울 때 무엇이 어려웠습니까?
2. 라이언 씨는 한국 사람들이 왜 한글에 관심이 적다고 생각했습니까?

어휘와 표현

한글	궁금하다	글자	당연하다	문장
발음	과학적	존경하다	N짜리	지폐

어휘 확장

한글

자음	모음	한글날	세종대왕

문법

1 A/V-을/ㄹ 뿐(만) 아니라   N뿐(만) 아니라

◎ 제주도는 경치가 좋을 뿐만 아니라 음식도 맛있어요.

◎ 율리아 씨는 노래를 잘할 뿐만 아니라 춤도 잘 춰요

◎ 민수는 한국어뿐만 아니라 영어, 프랑스어도 할 줄 알아요.

연습

1) 여러분 친구 ○○ 씨는 어떤 사람입니까?

2) 여러분 고향을 소개해 주십시오.

2 A-은/ㄴ가 보다   V-나 보다   N인가 보다

◎ 시험이 어려운가 봐요. 학생들 표정이 안 좋아요.

◎ 이 식당에 사람들이 많아요. 음식이 맛있나 봐요.

◎ 방이 깨끗하네요. 방을 청소했나 봐요.

◎ 오늘 친구 생일인가 봐요. 호앙 씨가 선물을 샀네요.

연습

1) ○○ 씨가 왜 빨리 집에 갑니까?

2) 밖이 왜 이렇게 시끄럽습니까?

3 A/V-잖아(요)　　N(이)잖아(요)

◎ 가: 빵을 왜 세 개나 먹었어?

　나: 이 빵이 너무 맛있잖아.

◎ 가: 요즘 공부가 많이 힘들어요?

　나: 네. 2급보다 3급 문법이 더 어렵잖아요.

◎ 가: 이번에 준코 씨가 1등을 했어요.

　나: 준코 씨는 정말 열심히 공부했잖아요.

◎ 가: 우리 반 호앙 씨는 항상 일찍 와요.

　나: 호앙 씨는 성실한 학생이잖아요.

연습

1) 여러분은 왜 아침마다 편의점에서 밥을 먹습니까?

2) 요즘 배우(가수) ○○ 이/가 왜 이렇게 인기가 많습니까?

 **말하기**

 친구와 이야기해 보세요.

 **말하기 1**

❶ 처음 한국어를 배울 때 무엇이 쉽고 재미있었습니까?

_____

❷ 한국어는 무엇이 좀 어렵습니까? (높임말, 단어, 문법, 발음, 글자 등…)

_____

❸ 다른 나라 언어 중에서 어느 나라 언어를 배우고 싶습니까? (이유는 무엇입니까?)

_____

 말하기 2

❶ 한글과 여러분 나라 글자를 비교해 보십시오.

_____

❷ 한국어와 여러분 나라 언어의 비슷한 점/다른 점은 무엇입니까?

_____

❸ 한국어를 공부하면서 어떤 느낌, 생각이 들었습니까?

_____

쓰기

 다음 주제에 대해 간단하게 써 보세요.

주제	한국어(한글)과 각 나라 언어(글자) 비교
처음	한국어를 처음 배울 때 어땠습니까?
중간	한국어(한글)과 여러분 나라 언어(글자)의 비슷한 점과, 다른 점은 무엇입니까?
끝	한국어를 배우는 지금은 어떤 느낌(생각)이 있습니까?

7

LESSON

영화를 못 볼 뻔했어요

한국에서 생활하면서 어떤 실수를 했습니까?

그 실수를 하고 어떤 것을 배웠습니까?

본문

정 우: 준코 씨, 요즘 한국생활이 어때요? 한국어가 많이 어렵죠?

준 코: 네. 한국어는 지금도 여전히 어려워요. 하지만 열심히 공부하고 있어요. 그리고 한국에서 살면서 우리나라 문화와 달라서 신기한 일도 많고 재미있어요.

정 우: 준코 씨가 즐겁게 공부하고 있는 것 같아서 저도 기분이 참 좋아요.

준 코: 그동안 정우 씨가 많이 도와줘서 한국 생활에 잘 적응할 수 있었어요.

정 우: 뭘요. 부끄럽네요. 요즘은 한국에서 실수한 일 없어요? 지난번에 같이 영화보기로 약속했는데 준코 씨가 버스를 잘못 타서 서로 못 만날 뻔했잖아요.

준 코: 아! 기억해요. 지금 생각하면 재미있는데 그때는 얼마나 당황했는지 몰라요.

정 우: 그 때 제가 버스 정류장을 정확하게 얘기해주지 않아서 준코 씨가 반대쪽 정류장에서 버스를 탔죠?

준 코: 네. 제가 그때 버스 타기 전에 방향도 물어보지 않고 버스를 탔거든요. 그때 중간에 정우 씨가 전화하지 않았으면 서울역으로 갈 뻔했어요.

정 우: 그래도 준코 씨가 늦지 않게 도착해서 정말 다행이었어요. 조금만 더 늦었으면 예매한 영화를 못 볼 뻔했어요.

준 코: 맞아요. 이제는 한국의 버스와 지하철 노선에 대해서 한국 사람만큼 잘 알게 되었어요.

정 우: 하하, 그렇군요. 실수를 해서 배운 것은 더 잘 기억할 수 있는 것 같아요.

 확인해 보세요.

1. 준코 씨는 지난번에 어떤 실수를 했습니까?
2. 준코 씨는 그 실수를 한 후에 무엇을 배웠습니까?

어휘와 표현

여전히	신기하다	기분	적응하다	부끄럽다
기억하다	당황하다	정확하다	반대쪽	실수(하다)

어휘 확장

창피하다	얼굴이 빨개지다	사과하다	용서하다

 문법

1 N만큼

◎ 이 사과는 수박만큼 커요.

◎ 저는 부모님을 하늘만큼 땅만큼 사랑해요.

◎ 율리아 씨는 요리사만큼 요리를 맛있게 만들어요.

◎ 그 학생은 한국 사람만큼 한국어를 잘해요.

1) 여러분은 무엇을 얼마나 잘합니까?

2) 우리 반 친구들은 어떻습니까?(문법을 사용해서 말해보십시오.)

2 V-을/ㄹ 뻔하다

◎ 아침에 늦게 일어나서 수업 시간에 늦을 뻔했다.

◎ 공항에 가는 길이 막혀서 비행기를 놓칠 뻔했어요.

◎ 시험을 잘 못 봐서 대학교에 입학을 못 할 뻔했어요.

1) 한국에서 생활하면서 언제 가장 큰일이 날 뻔했습니까?

2) 그동안 살면서 크게 다칠 뻔한 일이 있었습니까?

3 A/V-거든요   N(이)거든요

◎ 가: 왜 이 식당에서는 손님들이 불고기만 먹어요?
　나: 아~ 이 집은 불고기가 제일 맛있거든요.

◎ 가: 도서관에 왜 이렇게 사람이 많아요?
　나: 다음 주에 중간시험을 보거든요.

◎ 가: 오늘은 약속시간보다 일찍 왔네요?
　나: 생각보다 길이 안 막혔거든요.

◎ 가: 조금 전에 왜 지은 씨에게 선물을 줬어요?
　나: 오늘이 지은 씨 생일이거든요.

연습

1) 여러분은 친구와 약속을 하면 어디에서 만납니까? 왜 거기서 만납니까?

2) 오늘 왜 기분이 좋아요? / 오늘 왜 이렇게 피곤해 보여요?

말하기

 친구와 이야기해 보세요.

🔊 말하기 1

❶ 그동안 살면서 가장 큰 실수는 무엇입니까?

―――――――――――――――――――――――

❷ 실수했을 때 어떤 마음, 느낌이 있었습니까?

―――――――――――――――――――――――

❸ 실수는 나쁘다고 생각합니까? 실수에 대해 어떻게 생각합니까?

―――――――――――――――――――――――

🔊 말하기 2

❶ 한국어를 공부하면서 어떤 실수를 많이 합니까?

―――――――――――――――――――――――

❷ 한국에서 생활하면서 언제, 어디에서, 어떤 실수를 했습니까?

―――――――――――――――――――――――

❸ 그 이후로 실수를 하지 않으려고 어떻게 했습니까?

―――――――――――――――――――――――

 쓰기

 다음 주제에 대해 간단하게 써 보세요.

주제	실수한 경험
처음	한국에서 언제, 어디에서 실수를 했습니까?
중간	어떤 실수를 했습니까?
끝	그 실수를 한 후에 어떤 생각을 했습니까?

8

LESSON

나쁜 습관은
고치기가 힘들어요

학습 목표 습관에 대해 이야기하기

문법과 표현
1. N대로
2. V-는 중이다   N 중이다
3. A-다고 하던데(요)   V-는/ㄴ다고 하던데(요)
   N(이)라고 하던데(요)

여러분은 어떤 나쁜 습관이 있습니까?

사람들이 생각하는 좋은 습관은 어떤 것이 있습니까?

본문

라이언: 왕밍! 정말 미안해. 내가 많이 늦었지? 어! 그런데 율리아도 아직 안 왔어?

왕　밍: 응. 율리아도 지금 오는 중인데 길이 막혀서 좀 늦을 것 같대. 라이언, 너는 오늘 왜 늦었어?

라이언: 사실은 발표 준비를 아직 다 못해서 발표 준비하고 있었거든. 그래서 약속 시간을 깜박 잊어버렸어.

왕　밍: 뭐? 내일이 발표잖아. 그런데 아직 준비를 덜 했어? 라이언, 너 항상 일을 미루는 습관을 고쳐야겠다.

라이언: 나도 알고 있어. 그런데 원래 나쁜 습관은 고치기 어렵다고 하잖아. 이 습관을 바꾸려고 요즘 노력하고 있는데 고치기가 좀 힘들어.

왕　밍: 맞아. 갑자기 습관을 바꾸기는 힘들 거야. 그래도 노력하는 모습이 좋아.

라이언: 그런데 왕밍, 너 오늘 왜 이렇게 피곤해 보여? 눈도 빨갛게 충혈됐네.

왕　밍: 요즘 잠을 못 자서 그래. 룸메이트 때문에 어제도 한숨도 못 잤어.

라이언: 나도 예전에 기숙사에 살 때 방 친구와 생활 습관이 달라서 많이 불편했거든. 너는 어떤 습관이 안 맞아?

왕　밍: 그 친구는 낮에 자고 밤에 공부하는 습관이 있어서 밤에도 불을 켜 놓고 있어.

라이언: 많이 힘들겠다. 내 친구도 예전에 룸메이트랑 성격이 안 맞아서 방을 바꿨어. 기숙사 선생님께 말씀을 드리면 바꿔 준다고 하던데.

왕　밍: 나도 벌써 말씀 드렸는데 다음 학기 때까지는 바꿀 수 없대.

라이언: 그럼, 룸메이트랑 규칙을 정해서 규칙대로 생활하자고 말해 봐.

왕　밍: 그래, 오늘 저녁에 다시 한 번 얘기해 봐야겠어.

 확인해 보세요.

1. 라이언 씨는 약속 시간을 왜 잊어버렸습니까?
2. 왕밍 씨는 요즘 어떤 일 때문에 잠을 못 잡니까?

Lesson 8
나쁜 습관은 고치기가 힘들어요

66

어휘와 표현

깜박	잊어버리다	발표	미루다	습관
바꾸다	충혈되다	한숨도 못 자다	(성격이) 맞다	규칙
룸메이트	켜다 / 끄다			

어휘 확장

 버릇

손톱을 깨물다	다리를 떨다	다리를 꼬다	한숨을 쉬다
습관/버릇을 고치다			

 문법

1 N대로

◎ 말하기 시험은 순서대로 합니다.

◎ 오늘 준코 씨 생일이니까 마음대로 드세요.

◎ 선생님 말씀대로 열심히 공부하기로 했습니다.

◎ 그 일은 계획대로 잘 되고 있습니다.

1) 여러분은 계획대로 잘 되지 않는 일이 있습니까?

2) 순서대로 해야 하는 일은 무엇이 있습니까?

2 V-는 중이다   N 중이다

◎ 지금 집에 가는 중이니까 내가 다시 전화할게요.

◎ 시험 보는 중에는 교실 밖으로 나갈 수 없습니다.

◎ 조금 전에 수업 중이라서 전화를 못 받았어요.

◎ 지금은 회의 중입니다. 잠시 후에 다시 연락 주세요.

1) 우리 반 친구 ○○ 씨가 지금 무엇을 하는 중입니까?

2) 운전하는 중에는 무엇을 할 수 없습니까?

3 A-다고 하던데(요)

V-는/ㄴ다고 하던데(요)

N(이)라고 하던데(요)

◎ 지은 씨에게 전화했는데 이번 주 토요일에는 바쁘다고 하던데요.

◎ 준코야, 일기예보에서 내일 비가 온다고 하던데 우리 다음에 만나자.

◎ 라이언 씨의 꿈은 선생님이라고 하던데요.

 연습

1) 한국에 오기 전에 한국 생활에 대해서 들은 것이 있습니까?

2) 한국 문화에 대해서 무엇을 알고 있습니까?

말하기

 친구와 이야기해 보세요.

🔊 말하기 1

❶ 여러분은 자기도 모르게 자주 하는 버릇이 있습니까?

❷ 한국에 와서 새로 생긴 습관이 있습니까?

❸ 성공한 사람들은 어떤 습관이 있을까요?

🔊 말하기 2

❶ 자신의 습관이나 버릇 중에 고치기 힘든 것이 있습니까?

❷ 그 습관이나 버릇을 어떻게 고치고 싶습니까?

❸ 습관이나 버릇을 고칠 수 있는 좋은 방법이 있습니까?

쓰기

다음 주제에 대해 간단하게 써 보세요.

주제	고치고 싶은 습관이나 버릇
처음	자신의 생활 습관이나 버릇 중에서 고치고 싶은 것이 있습니까?
중간	습관이나 버릇을 어떻게 고치고 싶습니까?
끝	어떻게 하면 고칠 수 있습니까?

71

9

LESSON

패키지여행에 경비가 모두 포함되어 있어요

학습 목표   여행 방법 비교하기

문법과 표현
1. N에 포함되다
2. V-을/ㄹ까 하다
3. A-은/ㄴ 만큼
   V-은/ㄴ 만큼   V-는 만큼   V-을/ㄹ 만큼

여러분은 어디에 여행을 가 봤습니까?

여러분은 여행을 갈 때 어떤 방법으로 여행을 갑니까? (자유여행? 단체여행?)

73

본문

직　원: 안녕하십니까? 경기 여행사 상담원 김지훈입니다.

율리아: 네, 안녕하세요? 인터넷 광고를 보고 전화 드렸는데요. 광고에 나온 '제주도 패키지여행'은 뭐예요?

직　원: '제주도 패키지여행'은 3박 4일 동안 제주도의 유명한 관광지를 구경하는 겁니다. 여기에는 숙박, 왕복 항공권, 식사와 여행 경비가 모두 포함되어 있고 가이드가 안내해 줍니다.

율리아: 그런데 광고를 보니까 이 패키지에도 두 종류가 있는데 어떤 차이가 있어요?

직　원: 롯데 호텔에는 하루 세 번의 식사가 포함되어 있습니다. 신라 호텔에는 저녁 식사가 포함되어 있지 않습니다.

율리아: 그렇군요. 그럼, 가격은 얼마나 차이가 있나요?

직　원: 롯데 호텔이 10만 원정도 더 비쌉니다. 비싼 만큼 호텔의 다양한 시설을 이용할 수 있습니다.

율리아: 호텔 온천도 이용할까 하는데 온천 사용료도 포함되어 있습니까?

직　원: 네, 하루에 한 번은 무료로 이용이 가능합니다.

율리아: 그럼, 롯데 호텔로 네 명 예약해 주세요. 다음 주 토요일 아침에 출발할까 하는데요. 자리가 있습니까?

직　원: 죄송합니다. 손님, 다음 주 주말은 이미 예약이 끝났습니다.

율리아: 그럼 다음 주 금요일 오후쯤 제주도에 도착하는 비행기는 예약이 가능합니까?

직　원: 네, 지금 예약해 드릴 테니까 비행기 표와 여행 일정을 확인해 보시면 됩니다.

율리아: 감사합니다.

확인해 보세요.

1. 제주도 패키지여행에는 무엇이 포함되어 있습니까?
2. 롯데 호텔이 신라 호텔보다 더 비싼 이유는 무엇입니까?

Lesson 9
패키지여행에 경비가
모두 포함되어 있어요

어휘와 표현

패키지(package)	여행 경비	숙박	왕복 항공권	안내하다
가격	시설	이용하다	온천	가능하다
출발하다	도착하다	일정		

어휘 확장

여행

성수기	비수기	국내여행	해외여행
신혼여행	배낭여행	크루즈(cruise)여행	기차여행

 문법

1 (N2이/가) N1에 포함되다
N1에 (N2이/가) 포함되다

◎ 숙제 점수가 시험 점수에 포함됩니다.

◎ 이 패키지여행에 식비가 포함됩니다.

◎ 책값은 학비에 포함되지 않습니다.

연습
1) 기숙사비에 무엇이 포함되어 있습니까?

2) 문화 수업 때 무엇이 포함되면 좋겠습니까?

2 V-을/ㄹ까 하다

◎ 오늘 수업이 끝나고 도서관에 갈까 해요.

◎ 기분이 안 좋아서 조용한 음악을 들을까 해요.

◎ 저녁에 친구들과 함께 고향 음식을 만들어 먹을까 해요.

연습
1) 방학 때 무엇을 할 계획입니까?

2) 이번 주말에 무엇을 할 것입니까?

3 A-은/ㄴ 만큼
V-은/ㄴ 만큼   V-는 만큼   V-을/ㄹ 만큼

◎ 휴대폰을 사용한 만큼 휴대폰 요금이 나왔어요.

◎ 이 식당에서는 각자 먹을 만큼 음식을 가져가야 해요.

◎ 호앙 씨가 아는 만큼 나도 한국 문화에 대해서 알고 있어요.

◎ 이 가방은 비싼 만큼 품질이 좋아요.

◎ 그 회사는 월급이 많은 만큼 일이 힘들어요.

◎ 그동안 열심히 공부한 만큼 성적이 좋아질 거예요

연습

1) 열심히 노력하면 어떤 결과가 있습니까?

2) 여행을 많이 하면 무엇이 좋습니까?

 말하기

 친구와 이야기해 보세요.

🔊 말하기 1

① 여러분은 어디로(어느 나라, 어느 도시) 여행을 가고 싶습니까?

_____

② 여행을 가기 전에 무엇을 꼭 준비해야 합니까?

_____

③ 여행을 할 때 무엇 때문에 힘듭니까?

_____

🔊 말하기 2

① 여러분은 언제, 왜 여행을 가고 싶습니까?

_____

② 자유여행/패키지여행의 좋은 점과 안 좋은 점은 무엇입니까?

_____

③ 여행을 하면 무엇이 좋습니까?

_____

 **쓰기**

 다음 주제에 대해 간단하게 써 보세요.

주제	자유여행과 패키지여행
처음	사람들은 언제 여행을 갑니까?
중간	자유여행과 패키지여행의 좋은 점과 나쁜 점은 무엇입니까?
끝	자유여행과 패키지여행은 어떤 사람들이 가면 좋겠습니까?

10

LESSON

좋은 직장에 취직해야 할 텐데 걱정이에요

학습 목표   다니고 싶은 직장에 대해 이야기하기

문법과 표현
1. A/V-아/어야 할 텐데
2. N에 맞게
3. N에 비해(서)

여러분은 어떤 직장에서 일을 하고 싶습니까?

직장 생활의 좋은 점과 나쁜 점은 무엇입니까?

본문

엥 크: 시험 기간도 아닌데 도서관에 사람들이 많이 있네?

정 우: 학생들이 취직 준비 때문에 밤늦게까지 공부하는 거야. 요즘 한국에서는 취직하기가 힘들어. 나도 내년에 4학년인데 졸업하고 좋은 회사에 취직해야 할 텐데 걱정이야.

엥 크: 정우야, 너희 형이 좋은 직장에 취직했다고 들었어. 회사생활은 잘 하시니?

정 우: 요즘 형이 회사일 때문에 스트레스가 많은 것 같아.

엥 크: 그 회사는 다른 회사에 비해 연봉도 높고 사원 복지도 좋다고 들었어. 회사일도 적성에 맞게 선택할 수 있어서 형이 좋아했잖아.

정 우: 맞아. 그런데 생각보다 직장 일이 많이 힘들대. 출장도 많고 야근도 많고 일을 하면서도 계속 공부해야 한대.

엥 크: 뭐? 회사 다니는데 공부를 해야 해? 형이 대학에서 전공한 것과 관련이 없는 일을 하고 있어?

정 우: 아니. 형이 경영학을 전공해서 지금도 경영과 관련된 일을 하고 있는데 회사에서 배울 일이 많대. 외국어 능력도 필요해서 형이 요즘 아침마다 외국어 학원에도 다니고 있어.

엥 크: 회사에 취직을 한 후에도 힘든 일이 많구나.

정 우: 일이 좀 힘들어 보이기는 하지만 나도 얼른 졸업을 해서 취직을 했으면 좋겠다.

엥 크: 아니, 왜?

정 우: 형이 이번 휴가 때 프랑스에 여행을 가기로 했거든. 나도 빨리 취직을 해서 내 마음대로 해외여행을 다니고 싶어.

확인해 보세요.

1. 정우 씨 형은 왜 직장 일이 힘듭니까?
2. 정우 씨는 왜 빨리 취직을 하고 싶습니까?

어휘와 표현

취직(하다)	직장	연봉	사원 복지	적성
선택하다	출장	야근	관련되다	관련(이) 없다

어휘 확장

상사	동료	신입사원	승진하다
휴가	출근/퇴근	퇴직하다	사표를 내다

문법

1 A/V-아/어야 할 텐데 …… [걱정이다. 큰일이다. 고민이다]

◎ 내일 친구들과 여행을 가는데 날씨가 좋아야 할 텐데 …….

◎ 파티에 사람들이 많이 와야 할 텐데 큰일이에요

◎ 이 음식을 친구들이 잘 먹어야 할 텐데 걱정이에요.

◎ 내년에는 대학교에 꼭 입학해야 할 텐데 고민이에요.

1) 여러분은 요즘 어떤 큰일이나 고민이 있습니까?

2) 우리 반 친구들 중에서 요즘 가장 걱정이 되는 친구는 누구입니까?(이유는?)

2 N에 맞게

◎ 나이에 맞게 행동해야 합니다.

◎ 체형에 맞게 옷을 입으면 예뻐 보여요.

◎ 적성에 맞게 전공을 선택하는 것이 좋아요.

1) 외국어를 공부할 때는 어떻게 공부해야 합니까?

2) 음식을 만들 때는 어떻게 만들어야 합니까?

③ N에 비해(서)

3-1 ◎ 2급에 비해서 3급 문법이 어려워요.

◎ 5년 전에 비해 지금은 많이 날씬해졌다.

◎ 서울에 비해 수원의 교통이 덜 복잡해요.

3-2 ◎ 그 친구는 노력에 비해 성적이 좋지 않아요.

◎ 우리 교실은 학생 수에 비해 교실 크기가 좀 작아요.

◎ 율리아 씨는 먹는 것에 비해서 살이 찌지 않는 것 같아요.

 연습

1) 고향과 한국을 비교하면 무엇이 다릅니까?

2) 내 물건 중에서 가격에 비해 품질이 좋은 것이 있습니까?

말하기

 친구와 이야기해 보세요.

말하기 1

❶ 직장 생활을 해 본 적이 있습니까? (어떤 일을 해 봤습니까?)

----

❷ 직장 생활을 하면 어떤 것이 가장 힘들 것 같습니까?

----

❸ 직장 생활을 할 때 적성에 안 맞거나 일이 힘들면 어떻게 하겠습니까?

말하기 2

❶ 여러분은 졸업 후에 어떤 일을 하고 싶습니까?

----

❷ 직장을 선택할 때 가장 중요한 것이 무엇입니까? (같이 일하는 동료, 연봉, 사원 복지…)

----

❸ 앞으로 내가 원하는 직장에 취직하기 위해서 지금 어떤 노력을 해야 합니까?

 쓰기

 다음 주제에 대해 간단하게 써 보세요.

주제	내가 다니고 싶은 직장
처음	나는 앞으로 어떤 일을 하고 싶습니까?
중간	내가 다니고 싶은 직장의 조건은 어떤 것이 있습니까?
끝	내가 하고 싶은 일을 하려면 지금 어떤 노력을 해야 합니까?

11

LESSON

쇼핑할 때마다 충동구매를 해요

문법과 표현
1. V-이/히/리/기- (피동사)
2. A/V-아/어야 A/V
3. A/V-을/ㄹ 때마다

여러분은 보통 어디에서 물건을 삽니까?

인터넷 쇼핑몰에서는 어떤 물건을 사면 좋습니까?

본문

율리아 : 우와, 지영 씨 오늘 입은 원피스가 아주 예쁘네요.

지 영 : 어제 새로 샀는데 어때요? 저한테 잘 어울려요?

율리아 : 네. 정말 잘 어울려요. 디자인도 요즘 유행하는 스타일이고 색깔도 예쁘네요. 저도 원피스를 하나 살까 하는데 좋은 옷가게가 있으면 추천해 주세요.

지 영 : 저는 인터넷 쇼핑몰에서 샀어요. 지금 이 옷은 다 팔렸지만 다른 종류의 옷들이 많이 있으니까 인터넷 사이트에서 한번 찾아보세요. 율리아 씨가 원하는 스타일을 쉽게 찾을 수 있을 거예요.

율리아 : 저도 예전에 인터넷 쇼핑몰에서 물건을 사려고 했는데 사이트에 가입을 해야 이용할 수 있었어요. 그리고 외국인은 가입하기 복잡했어요.

지 영 : 요즘에는 회원 가입을 하지 않아도 물건을 구매할 수 있는 쇼핑몰이 많아요. 일반 가게에 비해 가격도 저렴하고요.

율리아 : 그런데 인터넷 쇼핑몰에서 사진만 보고 고르기가 어렵지 않아요? 저에게 맞는 사이즈와 색깔의 옷을 고를 수 있을지 걱정이 돼요.

지 영 : 직접 입어 볼 수는 없지만 사이즈와 색깔이 잘 설명되어 있어서 꼼꼼하게 보면 괜찮을 거예요. 그리고 옷을 받은 후 마음에 들지 않으면 교환이나 환불도 가능하니까 걱정하지 마세요.

율리아 : 아! 그런데 지영 씨, 인터넷 쇼핑몰은 배송비가 있죠?

지 영 : 맞아요. 저도 인터넷 쇼핑을 할 때마다 배송비 때문에 충동구매를 해요. 그런 점만 주의하면 인터넷 쇼핑도 장점이 많아요.

율리아 : 고마워요. 저도 오늘 한번 해 봐야겠어요.

 확인해 보세요.

1. 인터넷 쇼핑몰의 장점은 무엇입니까?
2. 옷을 받은 후 마음에 들지 않으면 어떻게 합니까?

어휘와 표현

디자인(design)	유행하다	추천하다	쇼핑몰(mall)	사이트(site)
복잡하다	구매하다	사이즈(size)	꼼꼼하다	교환(하다)
환불(하다)	배송비	충동구매	주의하다	장점/단점

어휘 확장

택배	회원/비회원	할인 쿠폰	결제하다

 문법

① V-이/히/리/기-   (피동사)

◎ 산 위에 올라가면 바다가 보입니다.

◎ 바람이 불어서 문이 닫혔습니다.

◎ 여름에는 수영복이 잘 팔립니다.

◎ 중요한 이야기를 하고 있었는데 전화가 갑자기 끊겼습니다.

	+이/히/리/기	
보다	+이	보이다
닫다	+히	닫히다
팔다	+리	팔리다
끊다	+기	끊기다

-이	-히	-리	-기
놓다 놓이다	닫다 닫히다	걸다 걸리다	끊다 끊기다
보다 보이다	막다 막히다	듣다 들리다	안다 안기다
쓰다 쓰이다	뽑다 뽑히다	열다 열리다	쫓다 쫓기다
쌓다 쌓이다	잡다 잡히다	팔다 팔리다	씻다 씻기다
바꾸다 바뀌다	찍다 찍히다	물다 물리다	빼앗다 빼앗기다
잠그다 잠기다	꽂다 꽂히다	떨다 떨리다	
섞다 섞이다			

2 A/V-아/어야 A/V

◎ 내일 날씨가 좋아야 등산을 할 수 있어요.

◎ 아플 때는 약을 먹어야 감기가 빨리 나을 거예요.

◎ 시험이 어려워서 열심히 공부해야 시험을 잘 볼 수 있어요.

연습

1) 어떻게 하면 건강하게 오래 살 수 있습니까?

2) 한국어를 잘 해야 할 수 있는 일은 무엇이 있습니까?

3 A/V-을/ㄹ 때마다

◎ 호앙 씨는 운동할 때마다 음악을 들어요.

◎ 그 친구는 기분이 좋을 때마다 춤을 춰요.

◎ 저는 아침에 학교에 올 때마다 편의점에서 김밥을 사요.

연습

1) 공부할 때, 운동할 때, 시간이 있을 때 하는 것이 있습니까?

2) 언제 가장 힘듭니까? 힘들면 어떻게 합니까?

 **말하기**

 **말하기 1**

❶ 고향에서 어떤 물건을 어디에서 자주 샀습니까?

---

❷ 요즘 한국에서 물건을 살 때 어디를 이용합니까? (그 곳은 어떻습니까?)

---

❸ 물건을 사고 교환하거나 환불한 적이 있습니까?
　(왜 교환하거나 환불을 했습니까?)

 말하기 2

❶ 물건을 살 때 가장 먼저 생각하는 것은 무엇입니까?

---

❷ 인터넷 쇼핑의 장점과 단점은 무엇입니까?

---

❸ 시장에서 물건 구매할 때의 장점과 단점은 무엇입니까?

쓰기

다음 주제에 대해 간단하게 써 보세요.

주제	시장과 인터넷 쇼핑의 장·단점
처음	여러분은 보통 어디에서 물건을 구매합니까?
중간	물건을 구매하는 방법 중 시장과 인터넷 쇼핑의 장점, 단점은 무엇입니까?
끝	물건을 구매할 때 주의해야 하는 부분은 무엇입니까?

95

12

LESSON

떨어뜨리는 바람에
고장이 났어요

물건이 고장이 난 적 있습니까? 어떤 물건이 왜 고장 났습니까?

수리 센터에서 물건을 고친 적이 있습니까?

본문

정 우: 왕밍 씨, 어제 제가 전화했는데 휴대폰이 꺼져 있었어요. 무슨 일 있었어요?

왕 밍: 아니요. 요즘 제 휴대폰에 문제가 좀 있어요. 소리도 잘 안 들리고 통화 중에도 자주 끊겨요.

정 우: 전원을 껐다가 다시 켜 보세요. 그러면 괜찮아질 때도 있어요. 그런데 휴대폰은 왜 고장이 났어요?

왕 밍: 지하철에서 졸다가 서둘러 내리는 바람에 휴대폰을 떨어뜨렸어요. 휴대폰을 바꾼 지 얼마 안 됐는데 너무 속상해요.

정 우: 어! 지금 보니까 휴대폰 액정도 깨져 있네요.

왕 밍: 네, 그래서 화면도 잘 안 보이고 사용하기 좀 불편해요.

정 우: 더 많이 고장 나기 전에 빨리 수리 센터에 가서 고치세요.

왕 밍: 휴대폰 수리를 맡기면 친구들과 연락도 못하니까 주말에 갈까 해요. 그런데 수리비가 많이 나올 것 같아서 걱정이에요.

정 우: 보통 물건을 구입하고 1년 동안은 무상 서비스도 되니까 수리비가 많이 나오지 않을 거예요.

왕 밍: 혼자 수리 센터에 가는 것은 처음이라 걱정이 되는데 시간 있으면 정우 씨도 같이 갈 수 있어요?

정 우: 네, 알았어요. 그럼, 오늘 오후에 당장 갑시다.

왕 밍: 고마워요. 정우 씨, 오후에 수업 마치고 같이 가요.

 확인해 보세요.

1. 왕밍 씨 휴대폰에 무슨 문제가 있습니까?
2. 두 사람은 오늘 오후에 어디에 가기로 했습니까?

Lesson 12
떨어뜨리는 바람에 고장이 났어요

어휘와 표현

꺼지다/켜지다	통화	(전화가) 끊기다	전원	고장 나다
졸다	서두르다	떨어뜨리다	속상하다	액정
깨지다	화면	고치다	맡기다	수리비/수리 비용

어휘 확장

수리하다	무상 서비스	서비스 센터(A/S 센터)	출장 서비스

 문법

1 V-는 바람에

◎ 운동을 하다가 넘어지는 바람에 다리를 다쳤어요.

◎ 학교에 오는데 버스가 고장이 나는 바람에 지각했어요.

◎ 지갑을 잃어버리는 바람에 신분증을 다시 만들어야 해요.

1) 어떤 일이 생겨서 약속시간에 늦은 적이 있었습니까?

2) 생각하지 못한 일이 갑자기 생겨서 안 좋은 결과가 된 적이 있었습니까?

2 V-아/어 있다

◎ 오랫동안 서 있어서 다리가 너무 아파요.

◎ 저기 앉아 있는 사람이 우리 반 반장이에요.

◎ 저는 다리가 아파서 주말에 계속 누워 있었어요.

◎ 쉬는 시간이 되면 학생들이 책상에 엎드려 있어요.

◎ 교실 문이 열려 있다.

◎ 제 방 창문이 닫혀 있다.

◎ 우리 교실에 그림이 벽에 걸려 있다.

◎ 선생님 책상 위에 컴퓨터가 놓여 있다.

1) 우리 교실을 보고 설명해 보십시오. (선생님, 학생, 시계, 컴퓨터, 창문...)

2) 여러분 방에 무엇이 어떻게 있는지 설명해 보십시오.

3 V-았/었다가

◎ 편의점에 갔다가 김밥이 없어서 그냥 왔어요.

◎ 시험을 볼 때 답을 썼다가 이상해서 지웠어요.

◎ 잠을 자려고 누웠다가 잠이 안 와서 일어났어요.

◎ 친구와 만나기로 약속했다가 일이 생겨서 취소했어요.

연습

1) 집에 갔다가 왜 다시 학교에 왔습니까?

2) 위 문법을 사용해서 서로 반대되는 행동을 말해 보십시오.

참고 'V-다가' 'V-았/었다가' 비교

◎ 서점에 가다가 집으로 왔다.　　서점에 갔다가 집으로 왔다.

◎ 옷을 입다가 벗었어요.　　　　옷을 입었다가 벗었어요.

말하기

 친구와 이야기해 보세요.

 말하기 1

❶ 여러분이 손님과 수리 기사가 되어서 대화를 만들어 보십시오.

가 : _____

나 : _____

가 : _____

나 : _____

가 : _____

나 : _____

가 : _____

나 : _____

 말하기 2

❶ 내가 가장 아끼는 물건 중에 어떤 물건이 고장 났습니까?

_____

❷ 왜 고장 났습니까? 그 물건을 어떻게 고쳤습니까?

_____

❸ 그 이후에 그 물건을 잘 사용하였습니까?

_____

102

쓰기

다음 주제에 대해 간단하게 써 보세요.

주제	고장 난 물건
처음	언제, 어떤 물건이 고장 났습니까?
중간	고장이 난 원인은 무엇입니까? 그 물건을 어떻게 수리했습니까?
끝	물건을 수리한 이후에 어떤 생각이 들었습니까?

13

LESSON

선녀가 하늘로 날아가고 말았어요

학습 목표　전래동화 내용 이해하기

문법과 표현
1. V-던 N
2. V-고 말다
3. A-은/ㄴ 척하다　　V-은/ㄴ, 는 척하다
   N인 척하다

어릴 때 재미있게 읽은 동화책 내용이 무엇입니까?

고향의 옛날이야기 중에는 어떤 동물, 어떤 사람들이 나옵니까?

본문

옛날 옛날 어느 마을에 착한 나무꾼이 살고 있었습니다. 그 나무꾼은 서른 살이 넘어서도 결혼을 못 해서 걱정을 하고 있었습니다. 어느 날 나무꾼이 산에서 나무를 하고 있는데 사냥꾼에게 쫓기던 사슴이 나무꾼에게 와서 말했어요.

"저는 지금 사냥꾼에서 쫓기고 있어요. 제발 저를 좀 살려 주세요."

"그래, 사슴아, 빨리 여기에 숨어." 착한 나무꾼은 사슴을 나무 뒤에 숨겨 주었습니다.

잠시 후 사냥꾼이 와서 나무꾼에게 사슴이 있는 곳을 물었습니다.

"저기요. 혹시 조금 전에 사슴 한 마리 못 봤어요?"

하지만 나무꾼은 사슴이 있는 곳을 모르는 척했습니다.

"사슴이요? 글쎄요? 저는 나무를 하고 있어서 못 봤어요."

사냥꾼이 돌아간 후에 사슴은 고맙다는 뜻으로 나무꾼에게 소원이 있냐고 물어 봤습니다.

"그럼, 사슴아, 내가 아직 결혼을 못해서 걱정인데 도와 줄 수 있어?"

나무꾼의 소원을 듣고 사슴이 한 가지 비밀을 알려 주었습니다.

"나무꾼님, 이 산꼭대기에는 하늘에서 내려온 선녀들이 목욕을 하는 연못이 있어요. 보름달이 뜨는 밤에 연못으로 가서 선녀의 날개옷 한 개를 몰래 가지고 가세요. 그러면 옷이 없는 선녀는 하늘에 올라가지 못하고 나무꾼님과 결혼을 하게 될 거예요. 그런데 꼭 지켜야 할 약속이 있어요. 아이 세 명이 있기 전에는 선녀에게 절대로 날개옷을 보여 주면 안 돼요."

나무꾼은 사슴의 말을 듣고 연못에 가서 날개옷 대신 다른 옷을 두었습니다. 그리고 선녀와 결혼을 하게 되었습니다. 세월이 흘러서 나무꾼과 선녀에게는 두 명의 아이가 생겼습니다. 나무꾼은 하루하루가 무척 행복했지만 선녀는 하늘에 계시는 부모님이 보고 싶어서 우는 날이 많았습니다. 그런 선녀를 보고 나무꾼은 망설이다가 아내에게 날개옷을 보여 주었습니다. 선녀는 기뻐하며 날개옷을 입었는데 옷을 입자마자 선녀의 몸이 하늘로 천천히 뜨기 시작했습니다. 결국 선녀는 두 팔에 아이 한 명씩을 안고 하늘로 날아가고 말았습니다.

 확인해 보세요.

1. 나무꾼의 소원은 무엇입니까?
2. 사슴과 나무꾼의 약속은 무엇입니까?

어휘와 표현

나무꾼	사냥꾼	쫓기다	사슴	숨기다
소원	비밀	산꼭대기	선녀	몰래
보름달	뜨다	연못	세월이 흐르다	망설이다

어휘 확장

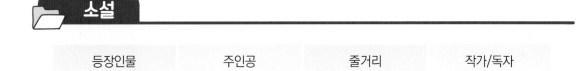

소설

등장인물	주인공	줄거리	작가/독자

문법

1 V-던 N

◎ 이 커피는 제가 조금 전에 마시던 커피예요.

◎ 어제 보던 영화가 있는데 오늘 계속 봐야겠어.

◎ 내가 예전에 자주 가던 커피숍에 같이 가요.

◎ 고향에서 항상 먹던 음식이 생각나요.

1) (어제, 조금 전에, 아까) 다 못 한 일이 있습니까?

2) 과거에 자주 하던 일들이 있습니까? (노래, 음식, 놀이 등…)

2 V-고 말다

◎ 급하게 뛰어오다가 넘어지고 말았어요.

◎ 두 사람은 계속 싸우다가 헤어지고 말았어.

◎ 공부도 안하고 놀아서 결국 시험에 떨어지고 말았다.

1) 친구와 성격이 안 맞아서 결국 어떻게 됐습니까?

2) 매일 밤에 게임하고 늦게 자다가 어떻게 됐습니까?

3 A-은/ㄴ 척하다   V-은/ㄴ, 는 척하다   N인 척하다

◎ 오늘 일이 있었는데 아픈 척하고 가지 않았어요.

◎ 모르는 척하지 말고 빨리 그 일에 대해서 얘기해 주세요.

◎ 내 동생은 게임을 하다가 엄마가 들어오면 공부하는 척해요.

◎ 그 친구는 나랑 나이가 똑같은데 항상 언니인 척해요.

◎ 밥을 먹었는데 피자가 맛있어 보여서 밥은 안 먹은 척 했다.

◎ 친구가 만든 음식이 맛없었지만 맛있는 척하고 다 먹었어요.

연습

1) 집에서 쉬고 싶은데 친구가 놀러 가자고 하면 어떻게 합니까?

2) 수업시간에 친구와 이야기하고 있는데 선생님이 보시면 어떻게 합니까?

말하기

 친구와 그림을 보고 이야기를 만들어 보세요.

 **쓰기**

다음 주제에 대해 간단하게 써 보세요.

주제	각 나라의 전래 동화
처음	언제, 누가 있었습니까?
중간	무슨 일이 있었습니까?
끝	마지막에 어떻게 되었습니까?

14

LESSON

잡채 만드는 법을 알아요

학습 목표 요리법 설명하기

문법과 표현
1. V-았/었던 N
2. V-는 법을 알다 [모르다]
3. V-아/어 보니(까)

한국 음식 중에 좋아하는 음식이 있습니까?

고향 음식 중에 만들 줄 아는 음식이 있습니까?

본문

라이언: 지영 씨, 지난주에 우리 같이 식당에서 먹었던 한국 음식 이름이 뭐예요? 야채랑 면이랑 같이 있는 음식인데 맵지 않아서 제가 잘 먹었잖아요.

지 영: 아! 잡채요?

라이언: 맞다! 잡채. 잡채 만들기는 어때요? 만들기가 어려워요?

지 영: 아니요, 생각보다 아주 간단해요. 그럼 제가 잡채 만드는 법을 알려 줄게요. 먼저 재료는 당면, 표고버섯, 파프리카, 양파, 당근이 필요해요.

라이언: 재료를 다듬는 동안 당면은 딱딱하니까 찬물에 넣어 두면 되죠?

지 영: 네, 맞아요. 당면은 1시간정도 물에 불리면 국수처럼 부드러워져요. 그리고 다듬은 재료를 얇게 채 썰어 놓으세요.

라이언: 당면을 물에 불리고, 재료를 다듬어서 채 썰어 놓는다. 맞죠?

지 영: 네. 그리고 프라이팬에 식용유를 넣고 각각의 재료를 볶은 다음에 그릇에 꺼내 놓으세요. 물에 불린 당면은 끓는 물에 넣고 삶아서 찬물에 빨리 씻으세요.

라이언: 당면을 찬물에 씻은 후에 어떻게 해요?

지 영: 당면도 프라이팬에서 볶다가 미리 볶아 놓은 재료들을 모두 넣고 양념으로 간을 맞추면 돼요.

라이언: 지영 씨, 양념은 어떻게 만들어요?

지 영: 보통 양념에는 간장, 설탕, 깨가 들어가요. 양념을 넣고 섞은 다음에 맛을 보고 싱거우면 소금을 조금 더 넣으세요. 마지막으로 불을 끈 다음에 참기름을 넣으면 더 맛있어요.

라이언: 지영 씨의 설명을 들어 보니까 저도 만들 수 있을 것 같아요. 다음에 제가 맛있게 만들어서 우리 집에 초대할게요.

 확인해 보세요.

1. 잡채를 만들 때 필요한 재료는 무엇입니까?
2. 잡채에 들어가는 당면은 먼저 어떻게 해야 합니까?

어휘와 표현

다듬다	당면	표고버섯	파프리카	(물에) 불리다
딱딱하다	부드럽다	그릇	꺼내다	끓다
양념	섞다	간을 맞추다	싱겁다	참기름
프라이팬	얇다	찬물	짜다	(불을) 끄다

어휘 확장

 요리법

썰다	채 썰다	다지다	볶다
굽다	튀기다	삶다	찌다

 문법

1 V-았/었던 N

◎ 어제 배웠던 문법을 다시 복습해요.

◎ 지난주에 샀던 옷이 안 예뻐서 바꾸려고 해요.

◎ 아까 버스에서 봤던 사람을 도서관에서 또 봤어요.

◎ 여기는 내가 어릴 때 살았던 집 근처인데 지금은 많이 변했어요

1) 과거에 다 끝난 일에 대해 말해 보십시오.

2) 어릴 때, 예전에 자주 했던 일에 대해 말해 보십시오.

2 V-는 법[방법]을 알다 [모르다]

◎ 한국 음식을 좋아하지만 만드는 법을 몰라요.

◎ 서울역에 가는 방법은 알지만 인천공항에 가는 방법을 몰라요.

◎ 선생님, 제가 도서관을 이용하는 방법을 잘 모르는데 좀 가르쳐 주세요.

1) 한국에서 어떤 방법을 몰라서 실수한 적이 있습니까?

2) 지금 생활에 필요한 것 중에서 어떤 것을 알고 싶습니까?

3 V-아/어 보니(까)

◎ 설악산에 가 보니까 정말 멋있었어요.

◎ 김치를 먹어 보니까 생각보다 맵지 않았어요.

◎ 학교에 전화를 해 보니 내일은 수업이 없다고 했어요.

연습

1) 한국에서 어디에 가 봤습니까? 그 곳은 어땠습니까?

2) 한국 음식을 먹어 보니 어떻습니까? (무슨 음식, 맛)

 **말하기**

 친구와 이야기해 보세요.

말하기 1

❶ 한국에 와서 가장 생각나는 고향 음식은 무엇입니까?

----

❷ 한국 음식 중에 가장 입에 맞는 음식은 무엇입니까?

----

❸ 고향에서 특별한 날 먹는 음식은 무엇입니까?

말하기 2

❶ 소개하고 싶은 음식의 이름과 만들 때 필요한 재료는 무엇입니까?

----

❷ 이 음식을 만드는 순서를 소개해 주십시오.

----

❸ 이 음식의 맛은 어떻습니까?

쓰기

> 다음 주제에 대해 간단하게 써 보세요.

주제	음식 만들기
처음	내가 가장 잘 만들 수 있는 음식은 무엇입니까? 어떤 재료가 필요합니까?
중간	이 음식을 만드는 순서는 어떻게 됩니까?
끝	이 음식은 맛이 어떻습니까? 언제 먹으면 좋습니까?

15

LESSON

원룸에서 사는 게 더 나아요

학습 목표 — 나에게 맞는 집구하기

문법과 표현
1. V-도록   V-지 않도록
2. V-는 게 낫다
3. A/V-기만 하면 되다

지금 어디에서 살고 있습니까?

지금 살고 있는 집은 무엇이 가장 마음에 듭니까?

본문

엥 크: 지영 씨, 혹시 학교 근처에 있는 부동산 전화번호 알아요?

지 영: 부동산 전화번호요? 집을 옮기려고요?

엥 크: 네, 원룸으로 이사를 할까 해요.

지 영: 지금 살고 있는 기숙사가 많이 불편해요?

엥 크: 아니요. 친구들과 같이 지내는 것도 좋고 학교와 가까워서 기숙사도 좋기는 하지만 자유롭게 생활하려면 기숙사보다 원룸에서 사는 게 더 나을 것 같아요.

지 영: 맞아요. 기숙사에 살면 학교 안에 있어서 편한 것도 있지만 여러 명이 같이 사니까 불편한 것도 많아요.

엥 크: 네. 혼자 살면 조용히 공부도 하고 마음 편하게 지낼 수 있어서 좋은 것 같아요.

지 영: 제가 아는 선배 언니가 갑자기 일이 생겨서 1년 동안 휴학하고 고향에 돌아가거든요. 그래서 지금 살고 있는 집을 다른 사람이 살 수 있도록 빌려준대요. 그 집에 가 볼래요?

엥 크: 혹시 집에 냉장고, 에어컨도 있어요?

지 영: 네. 다 있어요. 옷장, 책상도 있고 방이 깨끗해서 바로 이사하기만 하면 돼요. 학교에서 조금 멀긴 하지만 월세가 아주 싸다고 들었어요.

엥 크: 월세가 싸니까 괜찮아요.

지 영: 주변에 공원도 있고 큰 마트도 있어서 엥크 씨가 좋아할 거예요. 그런데 관리비는 따로 내야 한대요.

엥 크: 그건 어쩔 수 없죠. 관리비가 너무 비싸면 다른 원룸을 찾으면 돼요.

지 영: 그럼 이따가 오후 3시에 도서관 앞에서 다시 만나는 게 어때요?

엥 크: 좋아요, 오늘은 지난번처럼 늦지 않도록 일찍 출발할게요.

확인해 보세요.

1. 엥크 씨는 왜 원룸으로 이사를 하려고 합니까?

2. 지영 씨 선배 언니 집의 장점과 단점은 무엇입니까?

어휘와 표현

원룸	옮기다	이사(하다)	불편하다	자유롭다
빌려주다	옷장	관리비	따로	어쩔 수 없다

어휘 확장

부동산

계약하다	계약금	계약서	보증금

 문법

1 V-도록　V-지 않도록

◎ 글씨가 잘 보이도록 크게 쓸게요.

◎ 여권을 잃어버리지 않도록 항상 조심하세요.

◎ 음식이 부족하지 않도록 많이 준비했습니다.

1) 한국어 실력이 빨리 늘도록 어떻게 해야 합니까?

2) 외국 학생들은 한국에서 살면서 무엇을 조심해야 합니까?

2 V-는 게 낫다

◎ 짜게 먹는 것보다 싱겁게 먹는 게 나아요.

◎ 혼자 사는 것보다 친구와 함께 사는 게 더 낫습니다.

◎ 중요한 결정을 할 때에는 부모님의 말씀을 듣는 게 낫다.

1) 어디로 여행을 가면 좋겠습니까?

2) 주말에 심심할 때 무엇을 하면 좋겠습니까?

3 A/V-기만 하면 되다

◎ 지금은 열심히 공부하기만 하면 돼요.

◎ 제가 살 집은 깨끗하기만 하면 됩니다.

◎ 계산하기만 하면 되니까 조금만 기다려 주세요.

연습

1) 여러분은 집을 찾을 때 꼭 필요한 조건이 무엇입니까?

2) 대학교 입학 신청 준비를 다 했습니다. 마지막으로 무엇을 하면 됩니까?

말하기

 친구와 이야기해 보세요.

📢 말하기 1

❶ 지금 살고 있는 집은 무엇이 좋고, 무엇이 나쁩니까?

----

❷ 집을 구할 때 무엇을 가장 중요하게 생각합니까? (집값, 주변 환경, 거리..)

----

❸ 기숙사, 원룸 외에 어떤 집에서 살고 싶습니까?

📢 말하기 2

❶ 유학을 온 외국 학생들은 보통 어디에서 살고 있습니까?

----

❷ 기숙사의 장점과 단점은 무엇입니까?

----

❸ 원룸의 장점과 단점은 무엇입니까?

쓰기

  다음 주제에 대해 간단하게 써 보세요.

주제	기숙사와 원룸 비교
처음	외국 학생들은 대부분 어디에서 살고 있습니까?
중간	기숙사와 원룸을 비교해 보면 어떤 차이점이 있습니까?
끝	나는 한국에서 어떤 집에서 살고 싶습니까?

16
LESSON

아무리 공부해도
한국어가 늘지 않아요

학습 목표 고민에 대해 이야기하기

문법과 표현
1. 아무리 A/V-아/어도
2. V-을/ㄹ 수 있을지 걱정이다
3. V-지 그래요?

지금 가장 큰 고민은 무엇입니까?

여러분은 고민이 있을 때 어떻게 합니까?

본문

지　영: 라이언 씨, 요즘 무슨 고민이 있어요?

라이언: 아무리 열심히 공부해도 한국어가 늘지 않아서 걱정이에요. 매일 열심히 수업을 듣고 과제도 **빼놓지** 않고 하는데, 한국어 실력은 항상 똑같은 것 같아요.

지　영: 라이언 씨. 지금도 이렇게 한국말을 잘 하잖아요. 조금만 더 힘내요.

라이언: 저는 특히 단어를 외울 때 너무 힘들어요. 수업시간에 배울 때는 무슨 뜻인지 아는데 한국 사람을 만나면 자주 잊어버리고 생각이 안 나요.

지　영: 중급에 단어가 너무 많죠? 초급보다 단어의 뜻도 어렵고요. 뜻이 비슷한 단어들이 많아서 더 기억하기 힘든 것 같아요.

라이언: 그리고 분명히 공부한 문법인데 다시 보면 처음 배우는 것 같아요. 너무 속상해요.

지　영: 외국어를 공부할 때 누구나 다 초급에서는 실력이 빨리 늘지만 중급이나 고급이 되면 실력이 천천히 늘어요.

라이언: 저는 요즘 한국어 공부 때문에 스트레스가 너무 많아요. 점점 자신도 없어져요. 다음 학기에 진급할 수 있을지 걱정이에요.

지　영: 기운 내세요, 라이언 씨. 외국어 공부는 계단 오르기와 같아요. 실력이 향상되다가 실력이 늘지 않는 때가 있어요. 하지만 또 얼마 후에 다시 실력이 향상돼요.

라이언: 그럼, 지금은 어떻게 극복하면 좋을까요?

지　영: 먼저 마음을 편안하게 하고 꾸준히 노력하면 돼요.

라이언: 처음 한국어 공부를 시작했을 때는 정말 재미있었거든요.

지　영: 지금 공부 때문에 스트레스가 있다면 라이언 씨가 좋아하는 한국 영화 잡지나 재미있는 한국 드라마를 보면서 공부해 보지 그래요?

 확인해 보세요.

1. 라이언 씨는 요즘 한국어 공부가 왜 힘듭니까?

2. 지영 씨는 라이언 씨에게 어떤 조언을 해 주었습니까?

Lesson 16
아무리 공부해도
한국어가 늘지 않아요

어휘와 표현

늘다	빼놓다	실력	외우다	분명히
계단	향상되다	극복하다	꾸준히	노력하다
기운 내다				

어휘 확장

상담하다	(고민을) 털어놓다	조언하다	해결 방법

 문법

1 아무리 A/V-아/어도

◎ 아무리 바빠도 아침은 꼭 먹어야 해요.

◎ 친구와 약속을 했는데 아무리 기다려도 오지 않아요.

◎ 시험을 볼 때 긴장해서 아무리 생각해도 기억이 나지 않아요.

1) 여러분은 아무리 비싸도 꼭 사고 싶은 물건이 있습니까?

2) 아무리 연습해도 잘 못하는 것이 있습니까?

2 V-을/ㄹ 수 있을지 걱정이다

◎ 시험공부를 많이 못해서 시험을 잘 볼 수 있을지 걱정이에요.

◎ 감기가 심해서 내일 학교에 갈 수 있을지 걱정입니다.

◎ 외국 친구들이 매운 음식을 먹을 수 있을지 걱정이네요.

1) 여러분은 무슨 걱정이 있습니까?

2) 친구에게 무슨 고민이 있는지 물어 보십시오.

3 V-지 그래요?

◎ 문법이 어려우면 선생님께 질문을 하지 그래요?

◎ 여자 친구를 사귀고 싶으면 소개팅을 한번 해 보지 그래요?

◎ 호앙 씨, 저는 좀 늦을 것 같으니까 배가 고프면 먼저 먹지 그래요?

연습

1) 친구의 고민을 듣고 해결 방법을 말해 주세요.

2) 친구가 한국생활에 대해 물어보는 것을 듣고 조언해 주세요.

 말하기

 친구와 이야기해 보세요.

 말하기 1

❶ 여러 고민에 대해 알아보고 친구들과 해결방법을 찾아보십시오.

고민	해결방법
한국 생활 중에서 어떤 고민이 있습니까?	
공부, 진학과 관련해서 어떤 고민이 있습니까?	
친구(여자, 남자 친구)와 관련해서 어떤 고민이 있습니까?	

 말하기 2

❶ 그동안 살면서 가장 큰 고민이 무엇이었습니까?

---

❷ 왜 그 고민이 생겼습니까? 그래서 어떻게 고민을 해결했습니까?

---

❸ 고민을 해결하는 나만의 방법이 있습니까?

쓰기

 다음 주제에 대해 간단하게 써 보세요.

주제	고민과 해결
처음	그동안 살면서 언제 고민이 많았습니까?
중간	그 고민은 무엇이었습니까? 고민을 어떻게 해결했습니까?
끝	그 이후에 여러분은 고민이 있을 때 어떻게 합니까?

17

LESSON

'식은 죽 먹기'는 한국의 속담이에요

학습 목표   속담과 관용표현 이해하기

문법과 표현   1. V-느라(고)
2. V-고 나서
3. N(이)라도

위 두 그림은 어떤 상황입니까?

여러분 나라에서 '아주 쉽다'는 말을 다른 표현으로 어떻게 말할 수 있습니까?

본문

라이언: 지영아, 지금 뭐 하고 있어?

지　영: 내일 발표 자료를 만들고 있는데 컴퓨터로 작성해야 해서 시간이 좀 많이 걸려. 이 과제를 하느라고 아르바이트도 못 갔어.

라이언: 힘들겠다. 내가 도와줄까? 우리 둘이 같이 하면 빨리 끝낼 수 있을 거야.

지　영: 잘 됐다. 정말 도와줄 수 있어?

라이언: 당연하지. 그리고 나 컴퓨터 자격증도 가지고 있어.

지　영: 우와, 그럼 이런 일은 너한테 식은 죽 먹기와 같겠구나.

라이언: '식은 죽 먹기?' 그게 무슨 뜻이야?

지　영: '식은 죽 먹기'는 한국의 속담이야. 라이언, 한국 음식 중에 '죽'이 무엇인지 알지?

라이언: 알아. 한국 사람들이 아플 때 먹는 걸 봤어.

지　영: 그 죽이 뜨거우면 먹기가 어렵고 식었을 때 먹기가 훨씬 쉽잖아. 그래서 정말 쉬운 일을 할 때 '식은 죽 먹기'라고 해.

라이언: 그렇구나. 그런데 속담은 뭐야?

지　영: 속담은 아주 옛날부터 사용했는데 어떤 말 속에 뜻이 있어서 더 효과적으로 자신의 말이나 글의 내용을 전달하고 싶을 때 사용해.

라이언: 아! 우리나라도 이런 속담과 비슷한 말들이 있어.

지　영: 한국에 더 재미있는 속담들이 많이 있어. 속담 한 두 개라도 알고 있으면 한국어 공부할 때 도움이 될 거야. 이 과제를 다 하고 나서 내가 더 가르쳐 줄게.

라이언: 그래? 고마워. 빨리 과제부터 하자.

 확인해 보세요.

1. '식은 죽 먹기'는 무슨 뜻입니까?
2. 속담은 언제 사용합니까?

어휘와 표현

발표 자료	작성하다	(시간이) 걸리다	과제	자격증
속담	식다	효과적	전달하다	도움

어휘 확장

속담

식은 죽 먹기	누워서 떡 먹기	하늘의 별 따기
그림의 떡	소 잃고 외양간 고친다	가는 말이 고와야 오는 말이 곱다

관용 표현

귀가 얇다	입이 무겁다	손이 크다
발이 넓다	눈이 높다	눈이 빠지게 기다리다

문법

1 V-느라(고)

◎ 저는 요즘 결혼 준비를 하느라고 바빠요.

◎ 책을 끝까지 다 읽느라 밥도 못 먹었어요.

◎ 죄송합니다. 병원에 갔다 오느라 좀 늦었어요.

1) ○○ 씨, 요즘 왜 힘듭니까?

2) 어떤 일 때문에 다른 일을 못 한 적이 있습니까?

2 V-고 나서

◎ 지금은 배가 안 고프니까 영화를 먼저 보고 나서 밥을 먹자.

◎ 여러분, 선생님의 설명을 다 듣고 나서 문제를 풀어 보세요.

◎ 6급까지 공부하고 나서 대학교에 가면 더 좋아요.

1) 공부를 해야 하는데 너무 피곤합니다. 그럴 때 어떻게 합니까?

2) 대학교 졸업하고 나서 무엇을 할 계획입니까?

③ N(이)라도

◎ 쓰기 숙제가 어려우면 문법 숙제라도 하세요.

◎ 아침에 밥 먹을 시간이 없으면 빵이라도 먹어요.

◎ 민수야, 이번에 장학금 받았는데 커피라도 사는 게 어때?

연습

1) 방학 때 고향에 못 가면 대신 무엇을 하면 좋을까요?

2) 한국어 공부하기가 너무 힘들 때 어떻게 하면 좋을까요?

말하기

친구와 이야기해 보세요.

 말하기 1   앞에서 배운 속담과 관용 표현을 사용해서 대화를 만들어 보십시오.

가 : _____

나 : _____

가 : _____

나 : _____

가 : _____

나 : _____

가 : _____

나 : _____

가 : _____

나 : _____

 말하기 2   여러분 나라의 유명한 속담, 표현을 소개해 주십시오.

❶ 어떤 속담(말)입니까? (여러분 나라 언어로 쓰세요.)

_____

❷ 그 문장을 한국어로 바꾸면 어떻게 됩니까?

_____

❸ 그 속담(말)의 뜻은 무엇입니까?

_____

142

쓰기

 다음 주제에 대해 간단하게 써 보세요.

주제	속담과 관용 표현
처음	속담과 관용 표현은 무엇입니까?
중간	여러분 나라는 어떤 속담과 관용 표현이 있습니까?
끝	속담과 관용 표현을 사용하면 어떤 점이 좋습니까?

18

LESSON

우리 가족은
화목한 편이에요

학습 목표 나의 미래 가족 모습에 대해 이야기하기

문법과 표현
1. A-은/ㄴ 편이다   V-는 편이다
2. A/V-(으)면 A/V-을/ㄹ수록
3. A-아/어하다

보통의 가족 모습은 어떻습니까?

부모님 중에서 누가 잔소리가 심하십니까?

본문

지　영: 정우야, 안녕!

정　우: 어! 지영아, 안녕! 그런데 왜 이렇게 기분이 안 좋아? 무슨 일 있어?

지　영: 어제 내가 집에 늦게 들어가서 아버지께 많이 혼났어.

정　우: 너희 아버지께서 좀 엄하신 편이야?

지　영: 아니. 평소에는 우리 가족이 화목하게 잘 지내고 아버지께서도 자상하신 편인데 내가 이번 달에 집에 늦게 들어가는 날이 좀 많았거든.

정　우: 늦게 들어가면 부모님께서 걱정하시는 건 당연하지. 아버지께서 너를 많이 걱정하셔서 혼내셨나 봐. 지영이 네가 잘못 했네.

지　영: 학교 일이 많으니까 어쩔 수 없이 늦게 들어가는 거야. 정우야, 너희 부모님도 잔소리를 하시니?

정　우: 우리 어머니께서도 잔소리를 많이 하시는 편이야. 오늘 아침에도 내가 밥을 안 먹고 학교에 와서 어머니께 잔소리를 들었어.

지　영: 우리도 이제 어른이고 다 컸는데 부모님께서는 항상 우리를 아이처럼 생각하시는 것 같아. 가끔 부모님과 내 생각이 다를 때는 답답할 때도 있어.

정　우: 맞아. 부모님께서 우리를 사랑하시기 때문에 그러시는 건 알겠는데 잔소리를 들으면 들을수록 나도 기분이 안 좋아져서 짜증을 낸 적이 많아.

지　영: 나도 학교에서 안 좋은 일이 있으면 집에 가서 부모님과 말도 안 하고 방에만 있었는데 그 때 부모님께서 많이 속상해하셨어. 지금 생각하니까 부모님께 너무 죄송해.

정　우: 앞으로는 우리가 먼저 부모님의 마음을 이해하려고 노력해야겠어.

 확인해 보세요.

1. 지영이는 왜 아버지께 혼났습니까?
2. 정우 어머니께서는 왜 잔소리를 하셨습니까?

어휘와 표현

혼나다	엄하다	화목하다	자상하다	가끔
혼내다	잔소리	답답하다	짜증내다	이해하다

어휘 확장

가족

남편/아내	자녀	외아들/외동딸	막내
고모/고모부	삼촌/숙모	이모/이모부	외삼촌/외숙모

 문법

1 A-은/ㄴ 편이다   V-는 편이다

◎ 호앙 씨는 키가 큰 편입니다.

◎ 나는 한국 음식을 좋아하는 편이야.

◎ 우리 반 친구들은 성격이 좋은 편이네요.

◎ 작년에는 이 옷이 비싼 편이었어요.

◎ 어릴 때는 고기를 많이 먹는 편이었어요.

1) 우리 반 친구들의 외모, 성격을 이야기해 보십시오.

2) 여러분은 무엇을 잘 하는 편입니까?

2 A/V-(으)면 A/V-을/ㄹ수록

◎ 이 음식은 먹으면 먹을수록 맛있어요.

◎ 잠을 자면 잘수록 더 피곤한 것 같아요.

◎ 그 친구는 만나면 만날수록 나랑 성격이 잘 맞아요.

1) 어떤 사람을 좋아합니까? (외모, 성격…)

2) 어떤 노래를 들으면 들을수록 기분이 좋아집니까?

③ A-아/어하다

◎ 율리아 씨는 빨래하는 것을 귀찮아해요

◎ 친구가 시험에 떨어져서 많이 슬퍼해요.

◎ 요즘 회사에 일이 많아서 오빠가 아주 피곤해해요.

연습

1) 우리 반 친구들에 대해 이야기해 보십시오.

2) 학생들이 3급 공부에 대해 어떻게 생각합니까?

말하기

 친구와 이야기해 보세요.

🔊 말하기 1

❶ 일상생활에서 여러분 가족의 모습은 어떻습니까?

---

❷ 여러분은 가족과 같이 있을 때 언제 가장 행복합니까?

---

❸ 가족 중에서 누구와 가장 마음이 잘 맞습니까?

🔊 말하기 2

❶ 나는 미래에 어떤 가족을 만들고 싶습니까?

---

❷ 누구와, 어떻게 생활하고 싶습니까?

---

❸ 가족이 행복하게 지내려면 어떻게 해야 합니까?

쓰기

 다음 주제에 대해 간단하게 써 보세요.

주제	미래의 나의 가족
처음	나는 미래에 가족이 몇 명 있으면 좋겠습니까? (누구, 누구입니까?)
중간	가족들과 함께 어떻게 생활하고 싶습니까? (평일, 주말, 휴가 등..)
끝	어떻게 하면 우리 가족이 행복하게 살 수 있습니까?

19.

LESSON

견학 보고서를 쓰는 것이 어렵지 않아요

학습 목표 견학 보고서 쓰기

문법과 표현
1. N에 따라서
2. V-고 보니(까)
3. A/V-을/ㄹ 수도 있다

고향에서 견학을 가 본 적이 있습니까? (어디로 갔습니까?)

견학을 가서 그곳에서 무엇을 하고, 무엇을 봤습니까?

본문

정 우: 왕밍, 뭐 하고 있어?

왕 밍: 숙제하고 있어.

정 우: 그래? 무슨 숙제인데?

왕 밍: 며칠 전에 민속촌으로 견학을 다녀왔는데 내일까지 견학 보고서를 제출하는 게 숙제야. 그런데 내가 보고서 쓰는 게 처음이라서 어떻게 써야 할지 잘 모르겠어.

정 우: 그래, 그럼 내가 좀 도와줄까?

왕 밍: 정말이야? 그럼 보고서 쓰는 방법을 좀 얘기해 줘.

정 우: 우선 언제, 누구와 어디에, 왜 견학을 했는지를 쓰는 게 좋아.

왕 밍: 음. 지난주에 이번 학기 문화 수업이 있었는데 어학원 학생들과 같이 민속촌에 갔어.

정 우: 그 내용을 먼저 쓰고 견학한 내용을 순서대로 적는 거야. 그리고 보고서 마지막에는 견학하면서 네가 알게 된 점과 견학한 후 너의 느낌을 적으면 돼.

왕 밍: 우와, 고마워 정우야. 네 얘기를 듣고 보니까 견학 보고서를 쓰는 게 그렇게 어렵지 않은 것 같아.

정 우: 하하, 그래? 근데 민속촌 구경은 잘 했어?

왕 밍: 응, 볼거리, 먹을거리도 많고 여러 가지 체험도 할 수 있어서 좋은 추억이 되었어. 한국의 전통 집들이 많이 있었는데 지역에 따라 집 모양이 달라서 너무 신기했어. 민속촌에서 직접 체험하고 보니 한국 전통문화를 더 많이 이해하게 되었어.

정 우: 그렇구나. 나도 어렸을 때 가 봤는데 지금은 많이 변했을 수도 있으니까 다시 한 번 가 봐야겠다.

왕 밍: 그래, 나중에 나랑 함께 가자.

 확인해 보세요.

1. 왕밍 씨는 어디로 견학을 갔습니까? 그 곳은 어땠습니까?

2. 보고서에 써야 하는 내용은 무엇이 있습니까?

Lesson 19
견학 보고서를
쓰는 것이 어렵지 않아요

어휘와 표현

견학	다녀오다	보고서	제출하다	(글, 내용을) 적다
구경하다	볼거리	먹을거리	체험하다	추억
지역	변하다			

어휘 확장

학창 시절

담임 선생님	소풍/수학 여행	운동회	동창

문법

1 N에 따라(서)

◎ 커피 종류에 따라서 가격이 달라요.

◎ 성적에 따라 진급과 유급이 결정됩니다.

◎ 계절에 따라서 여러 가지 생활 모습이 있어요.

1) 택시 요금이 무엇에 따라 다르게 나옵니까?

2) 지역에 따라 어떤 것이 다릅니까?

2 V-고 보니(까)

◎ 옷을 사고 보니까 너무 작아서 교환했어요.

◎ 한국에서 살고 보니 생각보다 재미있어요.

◎ 이야기하고 보니 그 사람에 대한 첫인상이 바뀌었어.

1) 어떤 물건을 사고 교환한 적이 있습니까?

2) 한국에 와서 처음 생각과 바뀐 점이 있습니까?

3 A/V-을/ㄹ 수도 있다

◎ 외국 사람들은 된장찌개를 싫어할 수도 있어요.

◎ 선생님, 죄송합니다. 내일 일이 있어서 늦게 올 수도 있어요.

◎ 이렇게 공부 안하면 4급에 못 갈 수도 있으니까 열심히 공부해.

연습

1) 열심히 공부를 안 하면 어떻게 될까요?

2) 매일 게임만 하면 어떻게 될까요?

 말하기

 친구와 이야기해 보세요.

📢 말하기 1

❶ 학교 다닐 때 선생님, 친구들과 여행을 가면 무엇이 좋습니까?

---

❷ 한국에서 견학을 가고 싶은 곳이 있습니까?

---

❸ 우리 반 친구들과 여러분 고향에서 어디로 견학을 가면 좋습니까?

📢 말하기 2

❶ 가장 기억에 남는 견학은 언제입니까?

---

❷ 누구와 어디로 견학을 갔습니까? 가서 무엇을 봤습니까?

---

❸ 견학 후 느낌 점은 무엇입니까?

 쓰기

 다음 주제에 대해 간단하게 써 보세요.

주제	견학(문화 체험) 보고서
처음	언제, 누구와 어디에 갔습니까?
중간	거기에서 무엇을 보고 무엇을 했습니까?
끝	견학(문화 체험)을 갔다 온 후 무엇을 느꼈습니까?

20.
LESSON

조금 더 준비를 했어야했는데 후회가 돼요

학습 목표 후회하는 일 이야기하기

문법과 표현
1. V-자 V
2. V-을/ㄹ까 말까 하다 [망설이다, 생각 중이다]
3. A/V-았/었어야 했는데…

한국에서 생활하면서 무엇을 후회했습니까?

후회를 하지 않으려면 어떻게 해야 합니까?

본문

엥 크: 왕밍, 요즘 한국 생활이 어때?

왕 밍: 지금은 많이 좋아졌어. 처음에는 한국 날씨에 적응을 못해서 좀 힘들었어. 겨울이 되자 갑자기 날씨가 추워져서 감기에 자주 걸렸거든.

엥 크: 나도 한국에 오기 전에 더 준비를 했어야 했는데 지금 생각하니까 좀 후회가 돼.

왕 밍: 어떤 것이 후회가 돼?

엥 크: 한국어 공부도 많이 하고 대학 전공에 대한 정보도 더 찾아보고 왔어야 했는데...

왕밍, 너는 고향에 있을 때 후회하는 일이 없었어?

왕 밍: 사실은 나도 지금까지 살면서 후회한 적이 많아. 내가 어릴 때 피아노를 배운 적이 있는데 그때는 학원에 가기가 너무 싫어서 조금 배우다가 그만뒀어. 그런데 지금 너무 후회하고 있어. 그 때 피아노를 계속 배웠어야 했는데...

엥 크: 나도 그동안 중간에 포기한 일들이 많았는데 나중에 꼭 후회를 했어.

왕 밍: 그래서 요즘 나는 후회하지 않으려고 힘든 일이 있어도 끝까지 최선을 다하고 있어. 그럼 좋은 결과가 있겠지? 엥크, 그런데 나 요즘 걱정이 생겼어.

엥 크: 무슨 일인데?

왕 밍: 중국에 있는 남자 친구의 생일을 깜박 잊어버렸어. 다음 날 바로 문자 메시지도 보내고 전화를 했는데 아직까지 남자 친구가 연락이 없어. 남자 친구가 화가 많이 난 것 같아서 계속 전화를 할까 말까 고민하고 있었어.

엥 크: 왕밍, 중간에 포기하면 안 돼. 전화도 하고 메시지도 보내 봐. 계속 미안하다고 말하면 남자 친구도 화가 풀릴 거야.

왕 밍: 그래. 알았어. 남자 친구 화가 풀릴 때까지 계속 연락해야겠어.

엥 크: 그리고 앞으로 중요한 일들은 꼭 메모하도록 해.

 확인해 보세요.

1. 엥크는 한국에 온 후에 어떤 일을 후회했습니까?
2. 왕밍은 어릴 때 어떤 일을 후회하고 있습니까?

어휘와 표현

후회(하다)	그만두다	포기하다	최선을 다하다	결과
화가 나다	화가 풀리다	메모(하다)		

어휘 확장

깨닫다	반성하다	아쉬움이 남다	소용이 없다

문법

1 V-자 V

◎ 버스가 오자 사람들이 모두 뛰어갔어요.

◎ 신나는 음악이 나오자 학생들이 춤을 추기 시작했습니다.

◎ 날씨가 더워지자 에어컨이 잘 팔리기 시작했어요.

연습
1) 백화점에 왜 이렇게 손님이 많아졌습니까?

2) 쉬는 시간이 되자 학생들이 무엇을 합니까?

2 V-을/ㄹ까 말까 하다 [망설이다, 생각 중이다, 고민이다]

◎ 아침에 일어났는데 너무 피곤해서 학교에 갈까 말까 해요.

◎ 이번 방학 때 고향에 돌아갈까 말까 생각 중이에요.

◎ 좋아하는 사람에게 말을 할까 말까 고민이에요.

연습
1) 고민하고 있는 일들이 있습니까?

2) 언제, 어떤 일을 할까 말까 생각합니까?

3 A/V-았/었어야 했는데 …….

◎ 일찍 극장에 갔어야 했는데 …….

◎ 밥을 조금만 먹었어야 했는데 …….

◎ 시험공부를 열심히 했어야 했는데 공부를 못 해서 걱정이에요.

◎ 늦잠을 자지 말았어야 했는데 지각해서 기분이 안 좋아요.

연습

1) 1급부터 3급까지 한국어 공부하면서 후회하는 일이 있습니까?

2) 옆 친구에게 후회하는 일을 물어보고 왜 후회하는지 이야기해 보십시오.

말하기

 친구와 이야기해 보세요.

 말하기 1

❶ 친구와 함께 후회하는 일에 대해서 이야기해 보세요.

	후회하는 일	-았/었어야 했는데…	앞으로 계획
지영	충동구매를 했다.	물건을 조금만 샀어야 했는데…	쇼핑할 때 꼭 필요한 물건만 산다.
왕밍	휴대폰을 많이 해서 눈이 나빠졌다.		
나			
친구			

 말하기 2

❶ 그동안 어떤 일을 가장 후회했습니까?

----

❷ 언제, 왜, 무슨 일 때문에 후회를 했습니까?

----

❸ 앞으로 후회하지 않으려면 어떻게 하면 좋겠습니까?

쓰기

 다음 주제에 대해 간단하게 써 보세요.

주제	내가 가장 후회한 일
처음	여러분은 후회를 많이 하는 편입니까?
중간	그동안 내가 가장 후회한 일은 무엇입니까? (언제, 무슨 일)
끝	앞으로 후회하지 않으려면 어떻게 해야 합니까?

167

21
LESSON

한글날 기념행사에 대해 말해 주세요

학습 목표 기념일, 명절에 대해 알아보기

문법과 표현
1. N껏
2. 아무도   아무 N도
3. A-은/ㄴ지 안 A-은/ㄴ지
   V-는지 안[못] V-는지   N인지 아닌지

여러분 고향의 큰 명절은 언제입니까?

여러분 나라의 특별한 기념일은 어떤 날입니까?

본문

라이언: 자, 지금부터 한글날 기념행사에 대해서 의논해 보겠습니다. 각자 자신의 의견을 말씀해 주세요.

율리아: 제가 먼저 이야기하겠습니다. 작년에는 다양한 행사들이 마련되었습니다. 연예인도 초청했고 동아리 행사도 괜찮았습니다.

라이언: 그럼, 작년처럼 진행을 할까요?

율리아: 올해는 한글날을 기념할 수 있고, 많은 학생들이 참여할 수 있는 행사를 하는 것이 더 좋을 것 같습니다.

엥 크: 네, 맞습니다. 작년 행사는 즐겁고 재미있는 행사였지만 외국 학생들이 참여할 수 있는 것은 아무것도 없었다는 의견이 많았습니다.

호 앙: 제 생각에는 외국 학생들이 한국어 말하기 대회를 하면 좋을 것 같습니다. 다양한 주제에 대해 외국 학생들이 자신의 생각을 한국어로 발표를 하면 한국어를 공부하고 있는 다른 학생들에게도 도움이 될 것 같습니다.

라이언: 그것도 좋은 생각이네요.

준 코: 또 한국에서 유행하는 노래와 춤을 배워보는 것도 좋을 것 같아요. 그동안 공부하느라 힘들었는데 스트레스도 풀고 좋을 것 같습니다.

왕 밍: 각 나라 고향 음식을 만드는 것은 어떻습니까? 다른 나라의 음식도 먹어 볼 수 있는 기회가 되고 각자 자기 고향 음식도 마음껏 먹을 수 있어서 좋을 것 같습니다.

라이언: 네, 그러면 이 행사들을 진행해도 괜찮은지 안 괜찮은지 한번 구체적으로 계획을 세워 봅시다.

 확인해 보세요.

1. 작년 행사는 어떤 점이 안 좋았습니까?
2. 이번 행사에 대해 어떤 의견들이 있습니까?

어휘와 표현

기념(하다)	행사	의논하다	의견	마련되다
연예인	초청하다	진행하다	참여하다	말하기 대회
주제	기회	구체적	계획을 세우다	

어휘 확장

기념일/명절

어린이날	어버이날	스승의 날	성년의 날
현충일	식목일	설날	추석

1 N껏

◎ 이 공을 힘껏 멀리 던져요.

◎ 그 일은 힘들겠지만 능력껏 한번 해 보세요.

◎ 여러분, 여기 있는 음식들을 마음껏 드세요.

◎ 친구가 아파서 내가 정성껏 간호해 주었다.

연습

1) 방학 때 무엇을 마음껏 하고 싶습니까?

2) 누구를 위해 정성껏 요리를 하겠습니까?(무슨 음식을 만들고 싶습니까?)

2 아무도   아무 N도

아무도

아무것도

아무 곳도(=아무 데도)

◎ 아침 일찍 교실에 왔는데 아무도 없었어요.

◎ 짐이 너무 많아서 여행가서 아무것도 사지 않았어요.

◎ 방학이 길었지만 일이 너무 많아서 아무 데도 못 갔어요.

연습

1) 오늘 아침 7시에 학교에 온 학생이 있습니까?

2) 오늘 아침에 왜 아무것도 못 먹었습니까?

3 A-은/ㄴ지 안 A-은/ㄴ지
V-는지 안[못] V-는지
N인지 아닌지

◎ 택시가 버스보다 빠른지 안 빠른지는 직접 타 보면 알 수 있어요.

◎ 민수 씨가 공부를 잘 하는지 못하는지 잘 모르겠어요.

◎ 지금 지갑에 돈이 있는지 없는지 확인해 볼게요.

◎ 그 말이 사실인지 아닌지 다시 물어 봐야겠어요.

◎ 제가 지난주에 부모님과 통화를 했는지 안 했는지 기억이 안 나요.

◎ 방학 때 고향에 갈지 안 갈지 결정되면 말해 줄게.

연습

1) 지금 편의점에 가면 김밥이 있을까요?

2) 오늘 옆 반에 친구 ○○ 씨가 왔습니까?

말하기

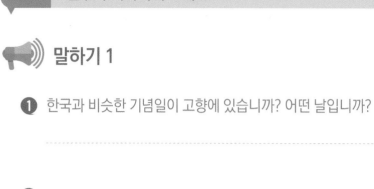 말하기 1

❶ 한국과 비슷한 기념일이 고향에 있습니까? 어떤 날입니까?

❷ 요즘 시대에 맞게 만든 재미있는 기념일이 있습니까?

❸ 여러분은 어떤 기념일을 좋아합니까?

 말하기 2

❶ 여러분 나라의 큰 명절은 언제입니까?

❷ 그날 무엇을 하고 어떤 음식을 먹습니까?

❸ 그 명절은 어떤 의미가 있는 날입니까?

174

 쓰기

 다음 주제에 대해 간단하게 써 보세요.

주제	명절 소개
처음	여러분 나라에는 어떤 명절이 있습니까? (이름? 언제?)
중간	그 명절에 무엇을 하고 무엇을 먹습니까?
끝	그 명절의 의미는 무엇입니까?

22

LESSON

행복하게 살기를 바랍니다

| 학습 목표 | 각 나라 결혼 문화 이해하기 |

문 법	1. A-은/ㄴ데도 (불구하고)
	V-는데도 (불구하고) N인데도 (불구하고)
	2. V-기를 바라다
	3. 아무나 아무 N(이)나

여러분 나라는 보통 어디에서 결혼식을 합니까?

여러분 고향에서는 결혼식 때 어떤 옷을 입고, 어떤 음식을 먹습니까?

본문

정 우: 지영아, 너 다음 달에 결혼한다고 들었는데 정말이야?

지 영: 응, 다음 달 24일에 결혼식을 하기로 했어.

정 우: 정말이구나. 축하해. 난 모르고 있었는데 오늘 아침에 수진이가 알려 주었어.

지 영: 그랬구나. 아직 청첩장을 못 만들어서 친구들에게 연락하지 않았어.

정 우: 결혼할 사람은 어떤 사람이야?

지 영: 나랑 동갑인데도 불구하고 오빠처럼 잘 챙겨 줘.

정 우: 어떤 점이 좋아?

지 영: 처음 만나기로 한 날에 내가 약속 시간을 못 지켰어. 한 시간이나 늦었는데도 화도 안 내고 나를 기다리고 있었어.

정 우: 정말? 인내심이 강한 사람인가 보다.

지 영: 게다가 예의도 바르고 자상한 편이야.

정 우: 너무 부럽다. 참! 다음 주에 고등학교 때 친구들끼리 모이기로 했는데 그때 너도 같이 만날래?

지 영: 나도 다들 보고 싶은데 결혼식 전까지는 계속 바쁠 것 같아.

정 우: 그럼 다음에 아무 때나 연락 줘. 다시 한 번 결혼 축하해. 잘 살기를 바랄게.

지 영: 그래, 고마워.

 확인해 보세요.

1. 지영이는 왜 친구들에게 결혼 소식을 알리지 않았습니까?
2. 지영이랑 결혼할 사람은 어떤 사람입니까?

어휘와 표현

결혼식	알려 주다	청첩장	동갑	챙겨 주다
인내심	강하다	게다가	예의(가) 바르다	부럽다

어휘 확장

결혼

선(을) 보다	중매결혼	신랑/신부	예식장

문법

1 A-은/ㄴ데도 (불구하고)
V-는데도 (불구하고)
N인데도 (불구하고)

◎ 현수는 집이 먼데도 항상 제일 먼저 학교에 옵니다.

◎ 민수는 항상 많이 먹는데도 여전히 날씬해.

◎ 내가 크게 불렀는데도 친구가 못 들었어요.

◎ 요즘은 겨울인데도 불구하고 춥지 않고 따뜻하다.

1) 힘든 일이 있었지만 끝까지 어떤 일을 한 적이 있습니까?

2) 열심히 했는데도 결과가 안 좋은 적이 있었습니까?

2 V-기(를) 바라다

◎ 이번 시험에 합격하기 바랍니다.

◎ 항상 건강하고 행복하길 바랍니다.

◎ 방학동안 고향에 잘 갔다 오기를 바랍니다.

◎ 쓰레기는 꼭 쓰레기통에 버리기 바랍니다.

1) 결혼하는 친구에게 무슨 말을 합니까?

2) 극장에 어떤 안내문이 있습니까?

참고 형용사 '행복하다, 건강하다'는 사용할 수 있습니다.

180

3 아무나 아무 N(이)나

아무나

아무 것이나(=아무거나)

아무 곳이나(=아무 데나)

◎ 여기는 아무나 들어올 수 없다.

◎ 지금 배고프니까 아무거나 먹자.

◎ 여기는 아무 데나 앉으면 안 돼.

◎ 너무 조용해요. 아무 말이나 좀 하세요.

1) 학교 도서관에 다른 학교 학생도 들어갈 수 있습니까?

2) 주말에 우리 반 친구들과 어디에 가고 싶습니까?

말하기

친구와 이야기해 보세요.

 말하기 1

❶ 여러분 나라의 청첩장과 한국의 청첩장을 비교해 보십시오.

────────────────────────

❷ 여러분 나라의 결혼식을 갈 때 주의해야 할 것이 있습니까?

────────────────────────

❸ 한국 결혼식에서 특별한 점이 있습니까?

────────────────────────

말하기 2

❶ 여러분 고향에서 결혼식을 준비할 때 꼭 필요한 것은 무엇입니까?

────────────────────────

❷ 여러분 나라의 결혼식에 대해 설명해 보십시오.

────────────────────────

❸ 여러분은 나중에 어디에서, 어떤 결혼식을 하고 싶습니까?

────────────────────────

쓰기

 다음 주제에 대해 간단하게 써 보세요.

주제	고향의 결혼 문화
처음	고향에서 결혼식을 본 경험이 있습니까?
중간	여러분 고향에서는 결혼식을 어떻게 합니까? (장소, 시간, 옷, 음식 등..)
끝	내가 하고 싶은 결혼식은 어떤 결혼식입니까?

23

LESSON

수원 화성은 구경할 만해요

학습 목표
각 나라 명소 소개하기

문법과 표현
1. V-을/ㄹ 만하다
2. A/V-던데요   N(이)던데요
3. V-는 길에

한국에서 알고 있는 명소는 어디입니까?

여러분 고향의 명소 중 친구들에게 소개하고 싶은 곳은 어디입니까?

본문

지　영: 라이언 씨, 요즘 수원 생활이 어떠세요? 불편하거나 힘든 점은 없어요?

라이언: 회사 동료들도 친절하고 일도 재미있어서 잘 지내고 있어요.

지　영: 라이언 씨가 한국에 온 지 반 년이 되었는데 그동안 여행은 좀 하셨어요?

라이언: 아니요. 회사 일을 익히느라고 시간이 없어서 가 본 곳이 많지 않아요.

지　영: 그래요? 요즘도 많이 바빠요?

라이언: 이제는 여유가 좀 생겨서 여기저기 가 보고 싶어요. 수원에서 가볼 만한 곳을 좀 추천해 주세요.

지　영: 라이언 씨는 한국 역사에 관심이 많지요? 그러면 수원 화성에 가 보세요. 저도 지난달에 가 봤는데 정말 좋던데요. 야경도 너무 멋있었어요.

라이언: 수원 화성이요? 어떤 곳이에요?

지　영: 수원 화성은 성벽인데, 유네스코 세계문화유산으로 지정된 곳이에요.

라이언: 아! 수원역 가는 길에 본 적이 있어요. 장안문, 팔달문 같은 여러 문들도 봤어요.

지　영: 네. 맞아요. 성벽에 몇 개의 문이 잘 보존되어 있는데 옛날에는 그 문으로 사람들이 출입했어요.

라이언: 팔달문 근처에 화성 행궁도 있죠?

지　영: 라이언 씨도 잘 알고 있네요. 화성 행궁에 가면 여러 가지 체험도 할 수 있으니까 꼭 가 보세요.

라이언: 지영 씨의 이야기를 들으니까 한번 가 보고 싶어요. 이번 주말에 꼭 가 봐야겠어요.

지　영: 좋은 생각이에요. 화성 행궁에 가는 길에 수원 박물관에도 한번 가 보세요.

 확인해 보세요.

1. 라이언 씨는 그동안 왜 여행을 못 갔습니까?

2. 지영 씨는 라이언 씨에게 어디를 추천해 주었습니까? (왜 그 곳을 추천했습니까?)

어휘와 표현

익히다	여유	생기다	성벽	유네스코(UNESCO)
세계문화유산	지정되다	출입하다	보존되다	야경

어휘 확장

한국의 명소

경복궁	한강	해운대	설악산
제주도	불국사	석굴암	민속촌

 문법

① V-을/ㄹ 만하다

◎ 경주는 정말 가 볼 만한 곳이에요.

◎ 한국 생활이 적응되어서 이제 살 만해요.

◎ 제가 만든 음식인데 어때요? 먹을 만해요?

1) 고향에서 여행갈 만한 곳이 있습니까?

2) 한국에서 먹을 만한 음식은 무엇입니까?

② A/V-던데요   N(이)던데요

◎ 지난 방학에 제주도에 갔다 왔는데 정말 아름답던데요.

◎ 호앙 씨는 수업 끝나고 매일 도서관에 가던데요.

◎ 옆 반에 멋있는 학생이 있던데요.

◎ 저 사람은 러시아 사람이던데요.

1) 쉬는 시간에 옆 반 교실에 친구들이 뭐 하고 있었습니까?

2) 한국에서 생활하면서 보고 느낀 것을 말해 보십시오.

③ V-는 길에

◎ 출근하는 길에 이 쓰레기를 좀 버려 주세요.

◎ 친구 집에 가는 길에 마트에 들러서 과일을 좀 샀어요.

◎ 한국으로 돌아오는 길에 제주도에서 잠시 여행할까 해요.

연습

1) 여러분은 사무실에 가는 친구에게 무엇을 부탁했습니까?

2) 여러분은 학교 오는 길에 무엇을 합니까?

 말하기

 친구와 이야기해 보세요.

 말하기 1　여러분 고향의 명소를 소개해 주십시오.

수도
쇼핑의 명소
바다
산
역사 도시

 말하기 2

❶ 여러분 나라의 명소 중에 자랑하고 싶은 명소는 어디입니까?

----

❷ 그곳은 무엇이 유명합니까? 그곳에서 무엇을 볼 수 있습니까?

----

❸ 그곳을 어떤 사람에게 추천하고 싶습니까?

 **쓰기**

 다음 주제에 대해 간단하게 써 보세요.

주제	자랑하고 싶은 명소
처음	친구들에게 가장 자랑하고 싶은 명소는 어디입니까?
중간	그곳에는 무엇이 유명합니까? 거기서 무엇을 보고 무엇을 할 수 있습니까?
끝	그곳은 어떤 사람들이 가면 좋습니까?

24
LESSON

인터넷을 통해 책을 읽을 수 있어요

학습 목표   정보화 사회의 장·단점 알아보기

문법과 표현   1. N을/를 통해(서)

                   2. N이/가 넘도록

                   3. A/V-을/ㄹ뿐(이다)   N일 뿐(이다)

인터넷으로 할 수 있는 일들은 무엇이 있습니까?

인터넷을 이용하면 무엇이 좋고, 무엇이 나쁩니까?

본문

호 앙 : 율리아, 넌 취미가 뭐야?

율리아 : 나는 책 읽는 것을 무척 좋아해. 특히 역사 소설책을 좋아해서 책을 읽기 시작하면 5시간이 넘도록 책만 읽어.

호 앙 : 그래? 나는 그렇게 오랫동안 집중해서 잘 못 읽는데 너 정말 대단하구나. 그러면 너는 도서관에 자주 가겠다.

율리아 : 도서관에도 종종 가지만 요즘은 집에서 인터넷을 통해서 책을 많이 읽어.

호 앙 : 인터넷으로 책을 읽어? 나는 인터넷으로 쇼핑만 할 뿐인데…….

율리아 : 너도 인터넷으로 책을 한번 읽어 봐. 정말 편하고 좋아.

호 앙 : 도서관이나 서점을 가는 대신에 컴퓨터나 스마트 폰으로 책을 찾을 수 있으니까 정말 편리하겠다. 그럼 이제 밖에서도 스마트 폰만 있으면 책을 볼 수 있겠네?

율리아 : 응. 무거운 책들을 들고 다니지 않아도 되니까 너무 좋아.

호 앙 : 그런데 나처럼 컴퓨터를 잘 못하는 사람에게는 너무 어려울 것 같아.

율리아 : 아니야. 사이트를 통해 볼 책을 검색한 다음에 다운받기만 하면 돼. 가격도 종이로 된 책보다 더 싸거든. 신문 기사에 따르면 이런 장점 때문에 인터넷으로 책을 읽는 사람들이 늘고 있대.

호 앙 : 그래? 그래도 나는 서점에서 책을 사서 보는 것을 더 좋아해. 서점에 가면 다양한 책을 한꺼번에 볼 수 있을 뿐만 아니라 종이 책은 꼼꼼히 볼 수 있어서 좋아. 인터넷으로 책을 읽으면 책의 내용을 대충 읽게 되니까 기억에 안 남을 것 같아.

율리아 : 그래. 장·단점이 있으니까 각자 취향에 맞게 선택하면 돼.

 확인해 보세요.

1. 인터넷으로 책을 읽으면 어떤 점이 좋습니까?
2. 호앙 씨는 왜 종이로 된 책을 좋아합니까?

어휘와 표현

무척	넘다	종종	집중하다	검색하다
다운받다	대충	한꺼번에	(기억에) 남다	취향

어휘 확장

인터넷

파일(file)을 첨부하다	사진, 동영상을 올리다	네티즌(=누리꾼)
스팸메일(spam mail)	홈페이지(homepage)	댓글
스팸문자		

 문법

1 N을/를 통해(서)

◎ 이 책을 통해서 많은 정보를 얻었습니다.

◎ 인터넷을 통해서 한국어 연습을 많이 해요.

◎ 친구를 통해 호앙 씨가 한국에 돌아왔다는 소식을 들었어요.

연습

1) 신문을 통해 어떤 것을 알 수 있습니까?

2) 여자/남자 친구를 어떻게 만났습니까?

2 N이/가 넘도록

◎ 한 달이 넘도록 친구의 소식을 못 들었어요.

◎ 시험 때문에 어제도 새벽 2시가 넘도록 공부했어요.

◎ 제 친구는 주말에 밥도 안 먹고 10시간이 넘도록 게임만 해요.

연습

1) 어제 몇 시에 잤습니까? 늦게까지 무엇을 했습니까?

2) 한국에 온 지 6개월이 넘도록 무엇을 못 했습니까?

③ A/V-을/ㄹ 뿐(이다)　N일 뿐(이다)

◎ 주말에는 아무것도 안하고 잠만 잘 뿐이에요.

◎ 저는 매일 걷기만 했을 뿐인데 살이 빠졌어요.

◎ 그 집은 학교에서 가까울 뿐 특별히 좋은 것이 없다.

◎ 지금 조금 피곤할 뿐이에요. 아픈 건 아니에요.

◎ 면접도 다 끝났으니까 그냥 결과를 기다릴 뿐이야.

◎ 저는 일반 직원일 뿐이에요. 그 일은 사장님께 물어보세요.

◎ 저희 두 사람은 특별한 사이가 아니고 고향 친구일 뿐이에요.

◎ 이것은 그냥 연습하는 것일 뿐, 시험을 보는 것이 아닙니다.

1) 여러분은 스트레스를 받으면 어떻게 합니까?

2) 여러분은 시간이 있으면 무엇을 합니까?

참고　'N뿐이다'는 이렇게 사용합니다.

예 친구가 좋아하는 음식은 불고기뿐이에요.

제가 지금 가지고 있는 돈은 만 원뿐입니다.

호앙 씨가 한국에서 여행한 곳은 제주도뿐이다.

지금 교실에는 학생들뿐이다.

이 식당 메뉴는 비빔밥뿐이네요.

 말하기

 친구와 이야기해 보세요.

말하기 1

❶ 여러분은 스마트 폰으로 무엇을 가장 많이 이용합니까? (3가지)

_____

❷ 스마트 폰이 있어서 가장 좋은 점과 나쁜 점은 무엇입니까?

_____

❸ 스마트 폰을 하는 대신 무엇을 하면 좋겠습니까?

_____

말하기 2

❶ 요즘 우리 생활 속에서 언제, 무엇을 할 때 인터넷을 사용합니까?

_____

❷ 인터넷 사용, 정보화 사회의 장점과 단점은 무엇입니까?

_____

❸ 이런 사회에서 우리가 조심하고 주의해야 할 것은 무엇입니까?

_____

쓰기

 다음 주제에 대해 간단하게 써 보세요.

주제	인터넷과 정보화 사회
처음	요즘 우리 생활에서 인터넷으로 무엇을 할 수 있습니까?
중간	인터넷/정보화 사회가 되면서 우리 생활에 어떤 변화가 생겼습니까?(장점, 단점)
끝	인터넷을 사용할 때 어떤 점을 조심해야 합니까?

25
LESSON

조기 교육이
심해지고 있어요

학습 목표   각 나라의 교육에 대해 알아보기

문법과 표현   1. V-이/히/리/기/우-   (사동사)
                2. A-은/ㄴ 모양이다
                    V-은/ㄴ, 는, 을/ㄹ 모양이다
                    N인 모양이다

여러분 나라는 어떤 교육을 많이 하는 편입니까?

어릴 때 학교에서 공부할 때 어떤 부분이 많이 힘들었습니까?

본문

- 영어 조기 교육 -

아이가 영어를 잘해야만 성공할 수 있다고 믿는 학부모들이 많아져서 요즘 한국에서는 '영어 조기 교육'이 심해지고 있다. 그리고 이런 학부모들의 교육에 대한 관심이 사회적 문제가 되고 있다.

한국어도 잘 모르는 3~4살 때부터 텔레비전 앞에 앉히고 영어로 된 DVD를 보여준다. 영어로 수업을 하는 유치원에 아이를 맡기기도 한다. 또한 영어를 가르치려고 아직 초등학생인 아이들을 혼자 외국으로 보내기도 한다.

라이언: 율리아, 이 신문에 나온 기사 좀 읽어 봐.

율리아: 음.. 영어 조기 교육에 관한 내용이네. 한국은 영어 교육에 관심이 많은 편이야.

라이언: 맞아. 하지만 한국어를 배우기도 전에 아이들에게 영어를 먼저 가르치는 건 정말 말도 안돼.

율리아: 모든 학부모들의 이야기는 아니니까 너무 신경 쓰지 마.

라이언: 자녀들을 위한 일이라고 하지만 너무 심한 것 같아.

율리아: 아이가 어릴 때부터 세계 공용어인 영어를 배우면 좀 더 쉽게 성공할 수 있다고 믿는 부모님들이 많은 모양이야.

라이언: 한국에서는 영어뿐만 아니라 중, 고등학교 때 공부를 미리 배우는 학생들이 많대. 이런 조기 교육 때문에 초등학교 때부터 학교 공부가 끝나면 학원에 다니느라고 마음껏 놀 시간이 없대. 공부가 중요하긴 하지만 그래도 아이 때는 많이 놀아야 좋지 않을까?

율리아: 그것도 맞는 말이야. 하지만 부모님은 그렇게 가르치지 않으면 불안하다고 생각하시는 것 같아. 사실 이런 교육이 아이들에게 더 안 좋은 결과를 줄 수도 있으니까 무엇이 진짜 자녀를 위한 것일까 한 번 더 생각해 보는 것이 좋을 것 같아.

 확인해 보세요.

1. 이 신문 기사는 어떤 내용입니까?
2. 라이언 씨는 한국의 교육에 대해 어떻게 생각하고 있습니까?

어휘와 표현

학부모	조기교육	성공하다	믿다	심하다
사회적	기사	신경 쓰다	공용어	불안하다

어휘 확장

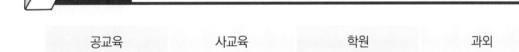

교육

공교육	사교육	학원	과외

 문법

1 V-이/히/리/기/우- (사동사)

◎ 동생이 밥을 먹어요. → 언니가 동생에게 밥을 먹여요.

◎ 철수가 옷을 입어요. → 아빠가 철수에게 옷을 입혀요.

◎ 동생이 울었어요. → 형이 동생을 울렸어요.

◎ 민수가 웃어요. → 라이언이 민수를 웃겼어요.

◎ 아기가 자요. → 엄마가 아기를 재워요.

-이		-히		-리		-기		-우	
끓다	끓이다	입다	입히다	살다	살리다	벗다	벗기다	자다	재우다
먹다	먹이다	눕다	눕히다	알다	알리다	신다	신기다	깨다	깨우다
보다	보이다	앉다	앉히다	돌다	돌리다	씻다	씻기다	서다	세우다
붙다	붙이다	읽다	읽히다	울다	울리다	감다	감기다	쓰다	씌우다
죽다	죽이다			얼다	얼리다	맡다	맡기다	타다	태우다
속다	속이다					웃다	웃기다		
						숨다	숨기다		

2 A-은/ㄴ 모양이다

V-은/ㄴ 모양이다   V-는 모양이다   V-을/ㄹ 모양이다

N인 모양이다

◎ 호앙 씨가 요즘 많이 바쁜 모양이에요. 연락이 없네요.

◎ 지은 씨가 오늘 계속 웃고 있는 걸 보니 기분이 좋은 모양이네.

◎ 와! 맛있는 냄새가 나요. 친구가 지금 음식을 만드는 모양이에요.

◎ 친구가 어제부터 자꾸 기침을 하는 걸 보니 감기에 걸린 모양이에요.

◎ 준코 씨가 이번 방학에 제주도로 여행을 갈 모양이에요. 비행기 표를 예매했어요.

◎ 저 사람 외모는 한국 사람처럼 생겼는데 한국어가 좀 서툰걸 보니까 외국 사람인 모양이다.

연습

1) 호앙 씨가 요즘 밥을 안 먹어요. 왜 그럴까요?

2) 요즘 우리 반 친구 ○○ 씨가 어떻습니까? 왜 그럴까요?

말하기

 친구와 이야기해 보세요.

 말하기 1

❶ 여러분 나라에서는 어떤 교육을 중요하게 생각합니까?

_____

❷ 학교 다닐 때 가장 힘들었던 점은 무엇입니까?

_____

❸ 여러분 나라의 교육이 어떻게 바뀌면 좋겠습니까?

_____

 말하기 2

❶ 여러분 나라에는 어떤 조기 교육이 있습니까?

_____

❷ 조기 교육의 좋은 점과 나쁜 점은 무엇입니까?

_____

❸ 여러분은 조기 교육에 대해 찬성합니까? 반대합니까?

_____

 쓰기

 다음 주제에 대해 간단하게 써 보세요.

주제	조기 교육
처음	조기 교육은 무엇입니까?
중간	조기 교육의 장·단점은 무엇입니까?
끝	여러분은 조기 교육에 대해 어떻게 생각합니까?

LESSON

26

고정관념이 많이 바뀌고 있어요

학습 목표　고정관념, 선입견에 대해 이야기하기

문법과 표현
1. V-게 하다
2. A/V-더니
3. A/V-(으)며　　N(이)며

여러분은 한국에 대해 어떤 생각을 가지고 있었습니까?

여러분 나라에는 어떤 고정관념이 있습니까?

본문

지　영: 호앙 씨, 왜 이렇게 늦었어요? 예전에는 약속시간보다 일찍 오더니 요즘은 자주 늦네요.

호　앙: 미안해요. 지영 씨. 그런데 지금 읽고 있는 게 뭐예요?

지　영: 신문이에요. 현대 한국 사람들의 성별에 관한 고정관념이 많이 바뀌었다는 기사를 읽고 있었어요.

호　앙: 한국은 과거에 어떤 고정관념이 있었어요?

지　영: 예전에는 남자들만 사회생활을 하고 여자들은 주로 집에서 집안일을 하며 아이들을 키워야 한다는 고정관념이 있었어요.

호　앙: 지금도 남자, 여자의 일을 따로 정해 놓았어요?

지　영: 지금은 많이 변하기는 했지만 여전히 남자와 여자에 대한 고정관념들이 많이 있어요.

호　앙: 우리나라도 예전에는 여자들에게 사회생활을 못 하게 했어요. 하지만 지금은 남자와 여자의 일에 대한 불평등한 생각이 많이 바뀌고 있어요.

지　영: 이 기사를 보니 요즘은 한국도 남자들이 직장 일을 하며 집안일도 같이 나누어서 한다는 내용이 있어요. 반대로 여자도 직장에 다니거나 사회생활을 해요.

호　앙: 좋은 쪽으로 바뀌고 있어서 다행이에요. 성별에 따라 일을 나누는 것보다 서로 부족한 부분을 도와주고 배려하는 것이 중요하다고 생각해요.

지　영: 네, 맞아요. 어릴 때부터 평등한 남녀의 모습을 본 아이들이 어른이 되어서도 남녀에 대한 평등한 생각을 가질 수 있어요.

 확인해 보세요.

1. 과거 한국 사람들은 어떤 고정관념이 있었습니까?
2. 예전의 고정관념이 점점 어떻게 바뀌고 있습니까?

어휘와 표현

성별	고정관념	집안일	키우다	사회생활
나누다	정하다	배려하다	평등하다	불평등하다

어휘 확장

선입견	편견	남녀 차별	인종 차별

문법

1 V-게 하다

◎ 형이 동생에게 방 청소를 하게 했다.

◎ 선생님께서 학생들을 조용히 하게 하셨어요.

◎ 요즘은 담배를 못 피우게 하는 방법이 많이 있어요.

◎ 친구와 약속을 했는데 너무 오래 기다리게 하면 안 돼요.

◎ 의사 선생님께서 나에게 매운 음식을 못 먹게 하셨어요.

1) 선생님께서 수업시간에 학생들에게 무엇을 못 하게 하십니까?

2) 부모님께서 여러분에게 무엇을 하게 하셨습니까?

2 A/V-더니

◎ 오후에는 좀 덥더니 저녁이 되니까 쌀쌀해졌어요.

◎ 준호 씨가 지난주에는 많이 바쁘더니 이번 주는 안 바쁘네요.

◎ 친구가 지난 학기 때는 매일 게임하더니 요즘은 공부만 해요.

1) 어제와 오늘 날씨는 어떻습니까?

2) 친구가 2급 때와 달라진 점이 있습니까?

③ A/V-(으)며   N(이)며

3-1 ◎ 낮에는 흐리겠으며 밤에는 비가 오겠습니다.

◎ 어제 누가 왔으며 언제 왔는지 말해 주십시오.

◎ 서울의 동대문 시장은 물건이 다양하며 좋습니다.

◎ 한국 음식 중에서 삼계탕은 맛있으며 건강에도 좋습니다.

◎ 제 친구는 성격이 적극적이며 활발해서 인기가 많습니다.

3-2 ◎ 아이가 울며 어머니를 찾고 있습니다.

◎ 그 사람은 회사에 다니며 외국어 공부도 합니다.

◎ 저는 음악을 들으며 운동하는 것을 좋아합니다.

연습

1) 여러분의 요즘 한국 생활을 이야기해 보십시오.

2) 편의점 음식은 어때요?

말하기

친구와 이야기해 보세요.

 말하기 1

❶ 여러분 나라에는 어떤 고정관념이 있습니까?

_____

❷ 어떤 고정관념을 바꾸고 싶습니까?

_____

❸ 여러분 나라에는 어떤 차별이 심합니까?

_____

 말하기 2

❶ 한국에 대해서 어떤 선입견이 있었습니까?

_____

❷ 한국에 오기 전과 지금 한국에서 생활하면서 바뀐 생각이 있습니까?

_____

❸ 선입견에 대해 여러분은 어떻게 생각합니까?

_____

 **쓰기**

 다음 주제에 대해 간단하게 써 보세요.

주제	한국에 대한 선입견
처음	처음 한국에 오기 전에 어떤 선입견이 있었습니까?
중간	한국에서 살면서 처음 생각과 바뀐 것이 있습니까?
끝	선입견에 대해 어떻게 생각합니까?

215

27

LESSON

뉴스에서 본 대로
말씀해 주세요

학습 목표　　사건, 사고 파악하기

문법과 표현　　1. V-은/ㄴ 대로　　V-는 대로
　　　　　　　　2. N(으)로 인해(서)
　　　　　　　　3. A/V-(으)므로　　N이므로

뉴스나 신문에 어떤 사건, 사고 소식이 나옵니까?

최근에 여러분 나라에 어떤 사건, 사고들이 있었습니까?

본문

왕 밍: 호앙 씨, 어제 뉴스 봤어요?

호 앙: 아니요. 왜요? 무엇에 관한 뉴스가 나왔어요?

왕 밍: 어제 수원역 앞에서 교통사고가 크게 났는데 다행히 사람들은 다치지 않았대요.

호 앙: 네? 어제 수원역에서 사고가 났어요? 저도 어제 수원역에 있있는데...

왕 밍: 사고는 오후 2시쯤에 났는데, 택시와 자동차가 부딪치면서 사고가 났어요.

호 앙: 어떻게 사고가 났는지 뉴스에서 본 대로 다시 얘기해 주세요.

왕 밍: 택시 기사가 신호를 잘못 보고 가다가 앞차와 부딪치면서 사고가 났어요. 택시가 과속으로 달리고 있어서 갑자기 멈추기가 어려웠나 봐요.

호 앙: 정말 큰일 날 뻔 했네요. 그 교통사고로 인해 다친 사람은 없었어요?

왕 밍: 사고를 낸 택시 기사는 안전벨트를 매고 있었기 때문에 많이 다치지 않았는데, 앞차 운전자는 목을 조금 다쳤대요.

호 앙: 운전을 할 때는 항상 조심해야 해요. 저는 버스나 택시 안에서 '운전 기사님들, 안전이 제일 중요하므로 제한 속도도 잘 지키고 신호도 어기면 안 됩니다.' 라는 안내문을 자주 봤는데 이런 안전 규칙은 꼭 지켜야 해요..

왕 밍: 맞아요. 우리도 길을 건널 때 좌, 우를 잘 살피고 건너는 습관이 필요해요. 어릴 때부터 부모님께서 항상 차 조심하라고 말씀하셨는데 잘 잊어버려요.

호 앙: 특히 요즘은 길에서 휴대폰을 보며 걷는 사람들이 많은데 정말 위험한 행동인 것 같아요. 사고가 나지 않도록 스스로 조심해야 해요.

확인해 보세요.

1. 어제 수원역에서 무슨 사고가 있었습니까?
2. 평소에 길을 갈 때 어떻게 다녀야 합니까?

어휘와 표현

교통사고가 나다	과속	멈추다	부딪치다	사고를 내다
안전벨트	매다	조심하다	제한 속도	신호를 어기다
길을 건너다	살피다	위험하다	다치다	사고를 당하다

어휘 확장

사고

물에 빠지다	지하철 문에 끼이다	눈길에 미끄러지다	넘어지다

 문법

1 V-은/ㄴ 대로   V-는 대로

◎ 어제 뉴스에서 본 대로 얘기해 주세요.

◎ 친구에게 들은 대로 다이어트를 했어요.

◎ 모든 일이 생각하는 대로 되지는 않습니다.

◎ 선생님께서 가르쳐 주시는 대로 따라하면 돼요.

연습

1) 쓰기 숙제는 어떻게 써야 합니까?

2) 말하기 발표는 어떻게 하면 잘 할 수 있습니까?

2 N(으)로 인해(서)   [= N(으)로]

◎ 지진으로 인해서 큰 피해를 입었다.

◎ 태풍으로 인해 학생들이 학교를 못 갔습니다.

◎ 성격 차이로 인해서 두 사람은 결국 헤어졌다.

◎ 이번 교통사고로 많은 사람들이 다쳤다고 합니다.

연습

1) 왜 많은 사람들이 다쳤습니까?

2) 왜 교통사고가 났습니까?

③ A/V-(으)므로   N이므로

◎ 여름에는 기온이 높으므로 조심해야 합니다.

◎ 길이 막히므로 일찍 출발하는 것이 좋겠습니다.

◎ 이 학생은 성적이 우수하므로 이 상을 드립니다.

◎ 신호를 어겼으므로 벌금을 내는 것이 당연합니다.

◎ 내일은 비가 오겠으므로 우산 챙기는 것이 좋겠습니다.

◎ 이것은 매운 음식이므로 아이들이 먹기 좋지 않습니다.

◎ 우리나라는 물이 부족한 국가이므로 물을 아껴 써야 합니다.

연습

1) 왜 과일과 야채를 많이 먹어야 합니까?

2) 왜 열심히 공부해야 합니까?

말하기

친구와 이야기해 보세요.

 말하기 1   인터넷에서 기사를 찾아서 다음과 같이 정리해 보십시오.

인제?	
어디에서?	
누가?	
왜?	
어떻게?	

 말하기 2

❶ 신문이나 뉴스에서 가장 기억에 남는 사건, 사고는 무엇입니까?

_____

❷ 어떤 일이 있었습니까? (언제, 어디에서, 누가, 왜, 어떻게)

_____

❸ 그 사건, 사고를 보면서 어떤 생각을 했습니까?

_____

 쓰기

 다음 주제에 대해 간단하게 써 보세요.

주제	사건과 사고
처음	여러분 나라의 가장 큰 사건과 사고는 무엇이었습니까?
중간	언제, 어디에서, 누가, 왜, 어떻게 되었습니까?
끝	앞으로 그런 사고가 생기지 않으려면 어떻게 해야 합니까?

223

28
LESSON

만약 복권에 당첨된다면 뭘 하고 싶어요?

학습 목표   꿈에 대해 이야기하기

문법과 표현
1. 만약[만일](에) A-다면, V-는/ㄴ다면, N(이)라면
2. V-(으)려면 멀었다
3. N 만에

여러분은 잠을 잘 때 꿈을 꾼 적이 있습니까? 어떤 꿈을 꿨습니까?

여러분 나라에서는 어떤 꿈이 가장 좋은 꿈입니까?

본문

정 우: 준코 씨, 피곤해 보여요. 어제 잠을 잘 못 잤어요?

준 코: 네, 어제 제가 꿈에서 울다가 깼어요. 그 때가 새벽이라서 아침이 되려면 멀었는데 또 다시 잠을 자면 악몽을 꿀 것 같아서 그 때부터 아침까지 거의 잠을 못 잤어요.

정 우: 무슨 꿈을 꿨어요?

준 코: 꿈에서 제가 살고 있는 집에 불이 났는데, 도망 다니느라고 꿈에서도 너무 무섭고 힘들었어요.

정 우: 준코 씨, 불이 나는 꿈은 길몽이에요.

준 코: 그래요? 집에 불이 나는 건 안 좋은 거니까 불길한 일이 생기는 거 아니에요?

정 우: 아니에요. 준코 씨, 한국에서 돼지꿈이 좋다는 건 알고 있죠?

준 코: 네. 한국 사람들이 돼지꿈을 꾸고 복권을 사는 것을 본 적이 있어요.

정 우: 불이 나는 꿈도 비슷해요. 만일 꿈에서 아주 큰 불이 난다면 평소에 내가 원하는 일이 이루어지거나 돈이 많이 생길 거라고 예측하는 사람들이 많아요.

준 코: 그렇군요. 정우 씨, 그럼 저도 빨리 복권을 사야겠어요. 복권에 당첨되면 상금이 많잖아요. 그럼, 저도 부자가 될 수 있어요.

정 우: 준코 씨, 만약 복권에 당첨된다면 뭘 하고 싶어요?

준 코: 음.. 먼저 부모님께 선물을 사 드리고, 세계 여행도 가고, 학교 다니기 힘드니까 자동차도 한 대 사야겠어요. 제가 취직해서 돈을 벌려면 멀었잖아요. 지금 하고 싶은 일을 다 하고 싶어요.

정 우: 준코 씨, 이렇게 돈을 쓰면 상금을 받아서 한 달 만에 다 쓰고 돈이 없어지겠어요.

준 코: 알았어요. 정우 씨, 아껴 쓸게요. 먼저 복권에 당첨되는 게 중요하니까 우리 빨리 복권을 사러 갑시다.

 확인해 보세요.

1. 한국에서 좋은 꿈은 어떤 꿈입니까?

2. 준코 씨는 만약 복권에 당첨된다면 무엇을 하고 싶어 합니까?

어휘와 표현

꿈(을) 꾸다	(불이) 나다	도망 다니다	악몽	길몽
불길하다	부자	원하다	이루어지다	예측하다
복권	당첨되다	상금	(돈을) 벌다	아껴 쓰다

어휘 확장

꿈

흉몽	태몽	해몽	예지몽

 **문법**

1 만약[만일](에) A-다면   V-는/ㄴ다면   N(이)라면

◎ 만약에 키가 크다면 모델이 되고 싶어요.

◎ 만약에 돼지꿈을 꾼다면 복권을 꼭 살 거예요.

◎ 만약 유급한다면 방학 때 고향에 안 갈 거예요.

◎ 만일 내가 여자라면 예쁜 치마를 매일 입겠어요.

◎ 만일에 내가 하늘을 날 수 있다면 재미있을 것 같아요.

 연습

1) 만약 돼지꿈을 꾼다면 여러분은 무엇을 할 겁니까?

2) 미래의 일에 대해 가정해서 말해 보십시오.

2 V-(으)려면 멀었다

◎ 한국 사람처럼 한국어를 잘 하려면 아직 멀었어요.

◎ 이 책을 다 읽으려면 아직 멀었어요. 내용이 너무 어렵거든요.

◎ 지금 요리를 시작했으니까 음식을 다 만들려면 멀었어요.

 연습

1) 여러분은 언제 결혼할 겁니까?

2) 어떤 일을 하려면 아직 멀었습니까?

③ N 만에

◎ 새 지갑을 산 지 이틀 만에 잃어버렸어요.

◎ 한국에 온 지 6개월 만에 고향에 돌아가요.

◎ 우리 회사 월급이 5년 만에 드디어 올랐다.

◎ 피아노를 배운 지 일주일 만에 그만 두었다.

연습

1) 어떤 물건을 샀는데 금방 잃어버린 적이 있습니까?

2) 위 문법을 사용해서 시간이 지나고 달라진 상황에 대해 말해 보십시오.

말하기

 친구와 이야기해 보세요.

📢 말하기 1

❶ 여러분은 꿈에서 누구를 만나고 어떤 일이 있으면 가장 행복합니까?

----

❷ 여러분이 만약 어릴 때나 미래로 갈 수 있다면 몇 살로 가고 싶습니까?
(이유는? 그 때로 간다면 무엇을 하고 싶습니까?)

----

❸ 여러분이 만약 다른 사람으로 태어날 수 있다면 누가 되고 싶습니까?
(이유는? 그 사람이 된다면 무엇을 하고 싶습니까?)

📢 말하기 2

❶ 그동안 꿈 중에서 가장 기억에 남는 꿈이 있습니까?

----

❷ 꿈에서 어떤 일이 있으면 좋은 꿈입니까? (또는 나쁜 꿈입니까?)

----

❸ 여러분은 꿈을 믿습니까? 꿈을 믿는 사람들에 대해 어떻게 생각합니까?

 **쓰기**

 다음 주제에 대해 간단하게 써 보세요.

주제	꿈에 대한 이야기
처음	사람들은 언제 꿈을 꿉니까?
중간	어떤 꿈이 좋은 꿈이고, 어떤 꿈이 나쁜 꿈입니까?
끝	여러분은 이런 꿈에 대해 어떻게 생각합니까?

231

과	번호	어휘	품사	뜻
1과 본문	1	개강하다	동사	
	2	지각(하다)	동사	
	3	출석(하다)	동사	
	4	결석(하다)	동사	
	5	다짐하다	동사	
	6	어색하다	형용사	
	7	붓다	동사	
	8	입학(하다)	동사	
	9	졸업(하다)	동사	
	10	성실하다	형용사	
	11	점수	명사	
	12	진급 / 유급	명사	
	13	전공	명사	
	14	관심	명사	
1과 어휘 확장	15	국어국문학	명사	
	16	영어영문학	명사	
	17	경제학/경영학	명사	
	18	무역학	명사	
	19	체육학	명사	
	20	디자인학	명사	
	21	건축학	명사	
	22	컴퓨터공학	명사	
	23	관광학	명사	
	24	외식 조리학	명사	
	25	역사학	명사	
	26	국제관계학	명사	
2과 본문	27	십자수	명사	
	28	서투르다	형용사	
	29	대단하다	형용사	
	30	간단하다	형용사	
	31	활동적	명사	

과	번호	어휘	품사	뜻
2과 본문	32	장비	명사	
	33	동호회	명사	
	34	정보	명사	
	35	얻다	동사	
	36	가입하다	동사	
	37	탈퇴하다	동사	
2과 어휘 확장	38	동아리	명사	
	39	회원	명사	
	40	모임	명사	
	41	인터넷 카페	명사	
3과 본문	42	(잠을) 설치다	동사	
	43	(비가) 그치다	동사	
	44	무덥다	형용사	
	45	건조하다	형용사/동사	
	46	습하다	형용사	
	47	장마 기간	명사	
	48	태풍	명사	
	49	피해를 입다	동사	
	50	참다	동사	
	51	기온	명사	
	52	영하	명사	
	53	내려가다	동사	
	54	폭설이 내리다	동사	
3과 어휘 확장	55	일기예보	명사	
	56	소나기	명사	
	57	천둥 치다	동사	
	58	번개 치다	동사	
4과 본문	59	광고지	명사	
	60	군침이 돌다	동사	
	61	(배달) 시키다	동사	

233

과	번호	어휘	품사	뜻
4과 본문	62	실망하다	동사	
	63	들어가다	동사	
	64	재료	명사	
	65	크기	명사	
	66	충분하다	형용사	
	67	부족하다	형용사	
	68	귀찮다	형용사	
4과 어휘 확장	69	소비자	명사	
	70	판매자	명사	
	71	전단지	명사	
	72	광고 모델	명사	
5과 본문	73	안색	명사	
	74	피로가 쌓이다	동사	
	75	유연하다	형용사	
	76	(머리가) 맑다	형용사	
	77	무리하다	동사/형용사	
	78	시간을 내다	동사	
	79	동작	명사	
	80	따라하다	동사	
	81	불규칙	명사	
	82	예전	명사	
5과 어휘 확장	83	몸살이 나다	동사	
	84	스트레스를 풀다	동사	
	85	피로를 풀다	동사	
	86	피로가 풀리다	동사	
	87	건강을 지키다	동사	
	88	건강을 해치다	동사	
	89	체력이 약하다	형용사	
	90	땀을 흘리다	동사	

과	번호	어휘	품사	뜻
6과 본문	91	한글	명사	
	92	궁금하다	형용사	
	93	글자	명사	
	94	당연하다	형용사	
	95	문장	명사	
	96	발음	명사	
	97	존경하다	동사	
	98	N짜리		
	99	지폐	명사	
	100	과학적	명사	
6과 어휘 확장	101	자음	명사	
	102	모음	명사	
	103	한글날	명사	
	104	세종대왕	명사	
7과 본문	105	여전히	부사	
	106	신기하다	형용사	
	107	기분	명사	
	108	적응하다	동사	
	109	부끄럽다	형용사	
	110	기억하다	동사	
	111	당황하다	동사	
	112	정확하다	형용사	
	113	반대쪽	명사	
	114	실수(하다)	동사	
7과 어휘 확장	115	창피하다	형용사	
	116	얼굴이 빨개지다	동사	
	117	사과하다	동사	
	118	용서하다	동사	

과	번호	어휘	품사	뜻
8과 본문	119	깜박	부사	
	120	잊어버리다	동사	
	121	발표	명사	
	122	미루다	동사	
	123	습관	명사	
	124	한숨도 못 자다	표현	
	125	(성격이) 맞다	동사	
	126	규칙	명사	
	127	바꾸다	동사	
	128	충혈되다	동사	
	129	룸메이트(roommate)	명사	
	130	'켜다 / 끄다'	동사	
8과 어휘 확장	131	손톱을 깨물다	동사	
	132	다리를 떨다	동사	
	133	다리를 꼬다	동사	
	134	한숨을 쉬다	동사	
	135	'습관/버릇을 고치다'	동사	
9과 본문	136	패키지(package)	명사	
	137	여행 경비	명사	
	138	숙박	명사	
	139	왕복 항공권	명사	
	140	안내하다	동사	
	141	가격	명사	
	142	시설	명사	
	143	이용하다	동사	
	144	온천	명사	
	145	가능하다	형용사	
	146	출발하다	동사	

과	번호	어휘	품사	뜻
9과 본문	147	도착하다	동사	
	148	일정	명사	
9과 어휘 확장	149	성수기	명사	
	150	비수기	명사	
	151	국내여행	명사	
	152	해외여행	명사	
	153	신혼여행	명사	
	154	배낭여행	명사	
	155	크루즈(cruise)여행	명사	
	156	기차여행	명사	
10과 본문	157	취직(하다)	동사	
	158	직장	명사	
	159	연봉	명사	
	160	사원 복지	명사	
	161	적성	명사	
	162	선택하다	동사	
	163	출장	명사	
	164	야근	명사	
	165	관련되다	동사	
	166	관련(이) 없다	형용사	
10과 어휘 확장	167	상사	명사	
	168	동료	명사	
	169	신입사원	명사	
	170	사표를 내다	동사	
	171	퇴직하다	동사	
	172	승진하다	동사	
	173	휴가	명사	
	174	출근/퇴근	명사	

과	번호	어휘	품사	뜻
11과 본문	175	디자인(design)	명사	
	176	유행하다	동사	
	177	추천하다	동사	
	178	쇼핑몰(mall)	명사	
	179	사이트(site)	명사	
	180	복잡하다	형용사	
	181	구매하다	동사	
	182	충동구매	명사	
	183	사이즈(size)	명사	
	184	교환(하다)	동사	
	185	꼼꼼하다	형용사	
	186	환불(하다)	동사	
	187	장점/단점	명사	
	188	주의하다	동사	
	189	배송비	명사	
11과 어휘 확장	190	택배	명사	
	191	회원/비회원	명사	
	192	할인쿠폰	명사	
	193	결제하다	동사	
12과 본문	194	꺼지다/켜지다	동사	
	195	(전화가) 끊기다	동사	
	196	전원	명사	
	197	통화	명사	
	198	속상하다	동사	
	199	고장 나다	동사	
	200	졸다	동사	
	201	서두르다	동사	
	202	떨어뜨리다	동사	
	203	액정	명사	

과	번호	어휘	품사	뜻
12과 본문	204	깨지다	동사	
	205	화면	명사	
	206	고치다	동사	
	207	맡기다	동사	
	208	수리비/수리 비용	명사	
12과 어휘 확장	209	수리하다	동사	
	210	무상 서비스	명사	
	211	서비스(A/S) 센터	명사	
	212	출장 서비스	명사	
13과 본문	213	나무꾼	명사	
	214	사냥꾼	명사	
	215	쫓기다	동사	
	216	사슴	명사	
	217	숨기다	동사	
	218	소원	명사	
	219	비밀	명사	
	220	산꼭대기	명사	
	221	선녀	명사	
	222	몰래	부사	
	223	보름달	명사	
	224	뜨다	동사	
	225	연못	명사	
	226	세월이 흐르다	동사	
	227	망설이다	동사	
13과 어휘 확장	228	소설	명사	
	229	등장인물	명사	
	230	주인공	명사	
	231	줄거리	명사	
	232	작가 / 독자	명사	

과	번호	어휘	품사	뜻
14과 본문	233	잡채	명사	
	234	다듬다	동사	
	235	당면	명사	
	236	표고버섯	명사	
	237	파프리카	명사	
	238	(물에) 불리다	동사	
	239	딱딱하다	형용사	
	240	찬물	명사	
	241	부드럽다	형용사	
	242	그릇	명사	
	243	꺼내다	동사	
	244	끓다	동사	
	245	양념	명사	
	246	섞다	동사	
	247	간을 맞추다	동사	
	248	싱겁다	형용사	
	249	참기름	명사	
14과 어휘 확장	250	프라이팬	명사	
	251	얇다	형용사	
	252	찬물	명사	
	253	짜다	형용사	
	254	(불을) 끄다	동사	
	255	썰다	동사	
	256	채 썰다	동사	
	257	다지다	동사	
	258	볶다	동사	
	259	굽다	동사	
	260	튀기다	동사	
	261	삶다	동사	
	262	찌다	동사	

과	번호	어휘	품사	뜻
15과 본문	263	원룸(oneroom)	명사	
	264	옮기다	동사	
	265	이사(하다)	동사	
	266	불편하다	형용사	
	267	자유롭다	형용사	
	268	빌려주다	동사	
	269	옷장	명사	
	270	관리비	명사	
	271	따로	부사	
	272	어쩔 수 없다	표현	
15과 어휘 확장	273	부동산	명사	
	274	계약하다	동사	
	275	계약금	명사	
	276	계약서	명사	
	277	보증금	명사	
16과 본문	278	늘다	동사	
	279	빼놓다	동사	
	280	실력	명사	
	281	외우다	동사	
	282	분명히	부사	
	283	계단	명사	
	284	향상되다	동사	
	285	극복하다	동사	
	286	꾸준히	부사	
	287	노력하다	동사	
	288	기운 내다	동사	
16과 어휘 확장	289	상담하다	동사	
	290	(고민을) 털어놓다	동사	
	291	조언하다	동사	
	292	해결 방법	명사	

과	번호	어휘	품사	뜻
17과 본문	293	발표 자료	명사	
	294	과제	명사	
	295	작성하다	동사	
	296	(시간이) 걸리다	동사	
	297	자격증	명사	
	298	속담	명사	
	299	식다	동사	
	300	효과적	명사	
	301	전달하다	동사	
	302	도움	명사	
17과 어휘 확장	303	귀가 얇다	관용표현	
	304	입이 무겁다	관용표현	
	305	손이 크다	관용표현	
	306	발이 넓다	관용표현	
	307	눈이 높다	관용표현	
	308	눈이 빠지게 기다리다	관용표현	
	309	식은 죽 먹기	관용표현	
	310	누워서 떡 먹기	관용표현	
	311	하늘의 별 따기	관용표현	
	312	그림의 떡	관용표현	
	313	소 잃고 외양간 고친다	관용표현	
	314	가는 말이 고와야 오는 말이 곱다	관용표현	
18과 본문	315	혼나다	동사	
	316	엄하다	형용사	
	317	화목하다	형용사	
	318	자상하다	형용사	
	319	가끔	부사	
	320	혼내다	동사	

과	번호	어휘	품사	뜻
18과 본문	321	잔소리	명사	
	322	답답하다	형용사	
	323	짜증내다	동사	
	324	이해하다	동사	
18과 어휘 확장	325	남편 / 아내	명사	
	326	자녀	명사	
	327	외아들 / 외동딸	명사	
	328	막내	명사	
	329	고모 / 고모부	명사	
	330	삼촌 / 숙모	명사	
	331	이모 / 이모부	명사	
	332	외삼촌 / 외숙모	명사	
19과 본문	333	견학	명사	
	334	보고서	명사	
	335	제출하다	동사	
	336	(글, 내용을) 적다	동사	
	337	구경하다	동사	
	338	볼거리	명사	
	339	먹을거리	명사	
	340	체험하다	동사	
	341	추억	명사	
	342	지역	명사	
	343	다녀오다	동사	
	344	변하다	동사	
19과 어휘 확장	345	학창 시절	명사	
	346	담임 선생님	명사	
	347	소풍 / 수학여행	명사	
	348	운동회	명사	
	349	동창	명사	

과	번호	어휘	품사	뜻
20과 본문	350	메모(하다)	동사	
	351	화가 나다	동사	
	352	후회하다	동사	
	353	화가 풀리다	동사	
	354	포기하다	동사	
	355	그만두다	동사	
	356	최선을 다하다	동사	
	357	결과	명사	
20과 어휘 확장	358	소용이 없다	형용사	
	359	반성하다	동사	
	360	아쉬움이 남다	동사	
	361	깨닫다	동사	
21과 본문	362	기념(하다)	동사	
	363	행사	명사	
	364	의논하다	동사	
	365	의견	명사	
	366	마련되다	동사	
	367	연예인	명사	
	368	초청하다	동사	
	369	진행하다	동사	
	370	참여하다	동사	
	371	말하기 대회	명사	
	372	주제	명사	
	373	기회	명사	
	374	구체적	명사	
	375	계획을 세우다	동사	
21과 어휘 확장	376	기념일/명절	명사	
	377	어린이날	명사	
	378	어버이날	명사	
	379	스승의 날	명사	

과	번호	어휘	품사	뜻
21과 어휘 확장	380	식목일	명사	
	381	현충일	명사	
	382	성년의 날	명사	
	383	설날	명사	
	384	추석	명사	
22과 본문	385	결혼식	명사	
	386	알려 주다	동사	
	387	청첩장	명사	
	388	동갑	명사	
	389	챙겨 주다	동사	
	390	인내심	명사	
	391	강하다	형용사	
	392	게다가	부사	
	393	예의(가) 바르다	형용사	
	394	부럽다	형용사	
22과 어휘 확장	395	선(을) 보다	동사	
	396	중매 결혼	명사	
	397	신랑 / 신부	명사	
	398	예식장	명사	
23과 본문	399	익히다	동사	
	400	여유	명사	
	401	생기다	동사	
	402	성벽	명사	
	403	유네스코(UNESCO)	명사	
	404	세계문화유산	명사	
	405	지정되다	동사	
	406	출입하다	동사	
	407	보존되다	동사	
	408	야경	명사	

과	번호	어휘	품사	뜻
23과 어휘 확장	409	명소	명사	
	410	경복궁	명사	
	411	한강	명사	
	412	해운대	명사	
	413	설악산	명사	
	414	제주도	명사	
	415	불국사	명사	
	416	석굴암	명사	
	417	민속촌	명사	
24과 본문	418	무척	부사	
	419	넘다	동사	
	420	종종	부사	
	421	집중하다	동사	
	422	다운받다	동사	
	423	검색하다	동사	
	424	(기억에) 남다	동사	
	425	대충	부사	
	426	한꺼번에	부사	
	427	취향	명사	
24과 어휘 확장	428	파일을 첨부하다	동사	
	429	사진, 동영상을 올리다	동사	
	430	네티즌 (=누리꾼)	명사	
	431	스팸메일(spam mail)	명사	
	432	홈페이지(homepage)	명사	
	433	댓글	명사	
25과 본문	434	학부모	명사	
	435	조기교육	명사	
	436	성공하다	동사	

과	번호	어휘	품사	뜻
25과 본문	437	믿다	동사	
	438	심하다	형용사	
	439	사회적	명사	
	440	기사	명사	
	441	신경(을) 쓰다	동사	
	442	공용어	명사	
	443	불안하다	형용사	
25과 어휘 확장	444	공교육 / 사교육	명사	
	445	학원 / 과외	명사	
26과 본문	446	성별	명사	
	447	고정관념	명사	
	448	집안일	명사	
	449	키우다	동사	
	450	사회생활	명사	
	451	나누다	동사	
	452	정하다	동사	
	453	배려하다	동사	
	454	평등하다	형용사	
	455	불평등하다	형용사	
26과 어휘 확장	456	선입견	명사	
	457	편견	명사	
	458	남녀 차별	명사	
	459	인종 차별	명사	
27과 본문	460	교통사고가 나다	동사	
	461	과속	명사	
	462	멈추다	동사	
	463	부딪치다	동사	
	464	사고를 내다	동사	

과	번호	어휘	품사	뜻
27과 본문	465	안전벨트	명사	
	466	매다	동사	
	467	조심하다	동사	
	468	제한 속도	명사	
	469	신호를 어기다	동사	
	470	길을 건너다	동사	
	471	살피다	동사	
	472	위험하다	형용사	
27과 어휘 확장	473	다치다	동사	
	474	넘어지다	동사	
	475	물에 빠지다	동사	
	476	지하철 문에 끼이다	동사	
	477	눈길에 미끄러지다	동사	
	478	사고를 당하다	동사	
28과 본문	479	꿈(을) 꾸다	동사	
	480	(불이) 나다	동사	
	481	도망 다니다	동사	
	482	악몽	명사	
	483	길몽	명사	
	484	불길하다	형용사	
	485	부자	명사	
	486	원하다	동사	
	487	이루어지다	동사	
	488	예측하다	동사	
	489	복권	명사	
	490	당첨되다	동사	
	491	상금	명사	
	492	(돈을) 벌다	동사	
	493	아껴 쓰다	동사	

과	번호	어휘	품사	뜻
28과 어휘 확장	494	흉몽	명사	
	495	태몽	명사	
	496	해몽	명사	
	497	예지몽	명사	

좋다!! 한국어 3

초판 1쇄 발행   2019년   8월   30일
2판 1쇄 발행   2024년   12월   5일

저 자   경기대학교 국제교육원
펴낸이   임 순 재
펴낸곳   **(주)한올출판사**

등 록   제11-403호
주 소   서울시 마포구 모래내로 83(성산동 한올빌딩 3층)
전 화   (02) 376-4298(대표)
팩 스   (02) 302-8073
홈페이지   www.hanol.co.kr
e-메 일   hanol@hanol.co.kr
ISBN   979-11-6647-506-1